NZZ **Libro**

Ursula Eichenberger

Mit einem medizinischen Beitrag von Markus Binswanger
Fotos von Fabian Biasio

Aus dem Lot
Menschen in der Psychiatrie

Verlag Neue Zürcher Zeitung

Autorin und Verlag danken folgender Institution für die Unterstützung der 2. Auflage

Littenheid – Klinik für Psychiatrie und Psychotherapie

Bibliografische Information der Deutschen Nationalbibliothek

Die Deutsche Nationalbibliothek verzeichnet diese Publikation in der Deutschen Nationalbibliografie; detaillierte bibliografische Daten sind im Internet über http://dnb.d-nb.de abrufbar.

2. Auflage 2007

Projektkoordination: Peter Zehnder, Zürich

Gestaltung: Stefanie Häberli-Bachmann, Zürich

© 2007 Verlag Neue Zürcher Zeitung, Zürich

Dieses Werk ist urheberrechtlich geschützt. Die dadurch begründeten Rechte, insbesondere die der Übersetzung, das Nachdrucks, des Vortrags, der Entnahme von Abbildungen und Tabellen, der Funksendung, der Mikroverfilmung oder der Vervielfältigung auf andern Wegen und der Speicherung in Datenverarbeitungsanlagen, bleiben, auch bei nur auszugsweiser Verwertung, vorbehalten. Eine Vervielfältigung dieses Werkes oder von Teilen dieses Werkes ist auch im Einzelfall nur in den Grenzen der gesetzlichen Bestimmungen des Urheberrechtsgesetzes in der jeweils geltenden Fassung zulässig. Sie ist grundsätzlich vergütungspflichtig. Zuwiderhandlungen unterliegen den Strafbestimmungen des Urheberrechts.

ISBN 978-3-03823-389-3

www.nzz-libro.ch
NZZ Libro ist ein Imprint der Neuen Zürcher Zeitung

Inhalt

7 Vorwort

9 Einführende Gedanken
Von Dr. Markus Binswanger

Menschen in der Psychiatrie

15 **Gefangen** jp, 18-jährig
25 **Anderswo** Stefan, 14-jährig
33 **Ohnmächtig** I.M., 42-jährig
41 **Ausgebrannt** Max Hauser, 56-jährig
48 **Masslos** Barbara, 20-jährig
57 **Angsterfüllt** James, 43-jährig
65 **Durcheinander** I.R., 84-jährig
73 **Zerrissen** Remo, 21-jährig
83 **Abhängig** Christian Sandmeier, 46-jährig
91 **Allein** Joy, 17-jährig
99 **Verlassen** E.M., 66-jährig

Die häufigsten psychischen Erkrankungen
Von Dr. Markus Binswanger

109 Demenz
111 Abhängigkeitserkrankungen
114 Schizophrenie
117 Depression
120 Angst- und Panikstörung
123 Posttraumatische Belastungsstörung
126 Burn-out
128 Essstörungen
131 Borderline-Persönlichkeitsstörung
134 Hyperkinetische Störung im Jugendalter
136 Störung des Sozialverhaltens im Jugendalter

Anhang

139 Anlaufstellen und Adressen
145 Literatur

151 Dank

Vorwort

War ich um die letzte Kurve gebogen, das Ortsschild Littenheid vorbeigezogen und waren unten im Tal die ersten Giebel des Thurgauer Klinikdorfs ins Blickfeld gerückt, stellte sich jeweils eine Mischung aus Spannung und Vorfreude ein. Spannung, weil ich nie wusste, was mich erwartete, und Vorfreude, weil mich die Littenheider Atmosphäre vom ersten Tag an für sich einnahm.

Es wurden viele Tage, die ich in der Klinik für Psychiatrie und Psychotherapie Littenheid verbrachte. Zum Einstieg bekam ich während einer Woche Einblick in verschiedene Stationen und Therapien; ich kochte und ass mit Patienten, sass in der hintersten Reihe der Klinikschule, erlebte mit, wie in der Werkstatt unter Schwitzen und mit wunden Fingern aus rohem Stein geschliffene Kugeln entstanden, nahm an Rapporten teil, begab mich ins Schlepptau von Pflegern und Ärzten und schlief in einem Angestelltenzimmer. Diesem Auftakt folgten Dutzende von Einzelgesprächen mit Patienten. Jede Begegnung öffnete mir neue Türen und gewährte Einblick in Biografien, die von manchem Bruch gezeichnet sind. Lag das Ortsschild Littenheid hinter mir, war der Kopf gefüllt mit Bildern und mein Inneres berührt.

Im Zentrum der Treffen stand das Erzählen der Patientinnen und Patienten. Ohne in sie dringen zu wollen, interessierte mich zu erfahren, was dem Klinikeintritt vorangegangen war, welche Momente sie in besonderer Erinnerung hatten, wie ihnen bewusst geworden war, auf fachliche Hilfe angewiesen zu sein, was sich während des mehrmonatigen

Klinikaufenthalts veränderte und wie sie den Schritt zurück in den Alltag planten. So entstanden Innenansichten aus dem Leben von zwölf Patienten im Alter zwischen 14 und 84 Jahren, deren Erkrankungen in der Psychiatrie heute besonders häufig behandelt werden. Vielleicht sind es auch nur Momentaufnahmen, die jetzt so nicht mehr gültig sind, da sich die Krankheitsbilder wandeln können. Die Namen, unter denen die Betroffenen auf den folgenden Seiten erscheinen, wählten sie ebenso selbst wie die Personen, die am Ende der jeweiligen Kapitel mit ihren persönlichen Aussagen einen Blick von aussen vermitteln.

Littenheid ist nicht nur eine psychiatrische Klinik mit 14 Stationen und einem breiten Angebot an Therapiemöglichkeiten und Werkstätten, sondern vor allem eine lebendige Dorfgemeinschaft. Aus dem alten Thurgauer Weiler gleichen Namens ist in den letzten 100 Jahren ein Klinikdorf gewachsen, in dem über 200 Patienten und 400 Mitarbeiter leben und arbeiten. Zwei Welten verschmelzen hier zu einer; Coiffeursalon, Laden, Post, Fitnesscenter und Café werden von Patientinnen und Patienten ebenso genutzt wie von Angestellten. Die meisten Mitarbeiter wohnen zwar ausserhalb der Klinik, manche haben sich mit ihren Familien aber auch auf dem Areal niedergelassen. Im stets gut besuchten Café «Huggi» der Frage nachzugehen, wer zu jenen zählt, die therapiert werden, und wer zu denen, die therapieren, ist aufschlussreich. Übersieht man die Namensschilder der Pfleger und Ärzte, ist häufig beides denkbar.

Einführende Gedanken

Von Markus Binswanger
Chefarzt von Littenheid – Klinik für Psychiatrie und Psychotherapie

Psychische Gesundheit und Krankheit heute
In der modernen Lebenswelt scheinen immer mehr Menschen seelisch aus dem Lot zu geraten. Die Inanspruchnahme psychiatrisch-psychotherapeutischer Leistungen ist seit Jahren steigend, ebenso die Zahl neuer IV-Renten aus psychischen Gründen. Die volkswirtschaftlichen Auswirkungen dieser Entwicklung werden von der Öffentlichkeit mit Sorge zur Kenntnis genommen. Im Rahmen des vorherrschenden Spardruckes droht psychiatrischen Patienten inzwischen eine Einschränkung des Zuganges zu IV-Leistungen wie auch zu ambulanter und stationärer Behandlung. Fragen zur psychischen Gesundheit und Krankheit erhalten auf diese Weise in der Diskussion um moderne medizinische Versorgung zunehmende Bedeutung. Allerdings werden die dieser Entwicklung zugrunde liegenden gesellschaftlichen Ursachen – beispielsweise soziale Missstände oder Auswirkungen des beschleunigten sozialen Wandels – kaum diskutiert. Besorgnis erregende vorliegende Daten zur psychischen Gesundheit der Bevölkerung finden in der Öffentlichkeit bis anhin kaum Aufmerksamkeit.

Welche Zahlen und Fakten sind überhaupt bekannt? Psychische Beeinträchtigungen treten weltweit sehr häufig auf: Gemäss dem neusten Bericht der Weltgesundheitsorganisation von 2001 erkranken global über 25 Prozent der Bevölkerung im Laufe ihres Lebens an einer schweren psychischen Störung. Eine 2005 publizierte umfassende Bestandesaufnahme zur psychischen Gesundheit in Europa bestätigt ähnlich hohe Erkrankungsraten.

Was die Behinderung und Beeinträchtigung der Lebensqualität betrifft, stehen psychische Probleme nach Herzkreislauferkrankungen gesamthaft an zweiter Stelle; zählt man die Folgen von Alkohol- und Drogenmissbrauch dazu, nehmen sie gar den Spitzenrang ein. Das Schweizerische Gesundheitsobservatorium (OBSAN), eine neue Institution von Bund und Kantonen, hat 2003 erstmals einen ausführlichen Bericht über die psychische Gesundheit in der Schweiz vorgelegt. Dabei werden wichtige neuere Untersuchungsdaten zusammengefasst und zum Teil alarmierende Feststellungen zu psychiatrischen Erkrankungen und deren Folgen gemacht.

Psychische Belastungen werden von den Geschlechtern unterschiedlich und altersabhängig wahrgenommen und verarbeitet. Besondere Risikogruppen sind Männer über 50 und junge Menschen zwischen 15 und 24 Jahren, was sich allerdings nicht mit der Häufigkeit der Inanspruchnahme professioneller Hilfe deckt. Suizide sind die zweithäufigste Todesursache bei Jugendlichen in der Schweiz. Frauen haben gemäss vorliegenden Statistiken ein höheres Risiko, an psychischen Störungen wie Angst, Depression und psychosomatischen Beschwerden zu erkranken, Männer hingegen sind mehr gefährdet bezüglich Substanzabhängigkeit und psychotischen Erkrankungen. Bei beiden Geschlechtern steigt seit vielen Jahren gleichermassen das Risiko, im Rahmen einer psychiatrischen Erkrankung in eine Klinik eingewiesen zu werden. Hinsichtlich Hospitalisationsraten bestehen grosse Unterschiede zwischen einzelnen Landesregionen sowie zwischen Stadt und Land. In der Region Zürich ist beispielsweise die Pflegetagesumme in den psychiatrischen Kliniken 2,5-mal höher als in der Nordostschweiz.

Psychische Störungen werden leider nur selten rechtzeitig erkannt und einer fachgerechten Behandlung zugeführt. Oft vergehen Jahre und manchmal Jahrzehnte, bevor eine erste gezielte Therapie sowie berufliche Massnahmen eingeleitet werden. Von den Betroffenen erhalten aus diesem Grund mehr als drei Viertel keine Behandlung durch eine Fachperson. Unbehandelt verlaufen viele seelische Störungen chronisch, rehabilitative Massnahmen werden so verpasst oder bleiben wirkungslos. Angesichts der Häufigkeit psychischer Störungen ist es nicht überraschend, dass in der Berufswelt die Zahl entsprechender Arbeitsunfähigkeitstage höher liegt als bei somatischen Erkrankungen. Die gesellschaftlichen, ökonomischen sowie vor allem auch die familiären Auswirkungen von psychiatrischen Erkrankungen sind insgesamt also erheblich.

Stigmatisierung psychiatrischer Patienten

Der Kenntnisstand hinsichtlich Ursachen und Manifestationsformen seelischer Störungen ist nicht nur bei medizinischen Fachpersonen, sondern vor allem auch in der Allgemeinbevölkerung gering. Moderne psychiatrische und psychotherapeutische Behandlungsmöglichkeiten und deren Wirksamkeit sind noch zu wenig bekannt, neue wissenschaftliche Erkenntnisse werden meistens nur verzögert wahrgenommen. Weiterhin existiert eine Vielzahl von verzerrten Vorstellungen über einzelne psychiatrische Krankheitsbilder, deren Verlauf und Prognose. Grundsätzliche Vorurteile gegenüber Menschen mit psychischen Erkrankungen haben zwar in den letzten Jahren abgenommen, nach wie vor ist aber für die Betroffenen und deren Angehörige eine Stigmatisierung durch die Umwelt häufig folgenschwerer als die Erkrankung selber.

Patientenorganisationen wie Pro Mente Sana und Angehörigenvereinigungen wie VASK (Vereinigung von Angehörigen von Schizophrenie-Kranken) sind in den letzten Jahren aktiv geworden, diesem Umstand durch gezielte Informations- und Kommunikationstätigkeit zu begegnen. Die immer wichtigere Selbsthilfebewegung leistet ebenfalls wertvolle Beiträge in der Öffentlichkeit bezüglich Aufklärung und Prävention. Schriftliche Laien- und Patientenratgeber über verschiedene psychiatrische Störungsbilder geben gezielt Auskunft über moderne Diagnose- und Behandlungsmöglichkeiten. Vor allem aber erlaubt der einfache Zugang zu Internetinformation Menschen mit psychischen Problemen, sich unkompliziert Informationen zu verschaffen und sich mit andern Betroffenen sowie auch mit Fachleuten auszutauschen.

Entscheidend wird die Einstellung gegenüber psychisch Kranken und der Psychiatrie durch die Medien geprägt. Diese pflegen ganz unterschiedliche Formen der Berichterstattung – entsprechend verschieden, ja widersprüchlich sind die vermittelten Bilder psychisch Kranker sowie psychiatrischer Einrichtungen. Nicht selten finden sich – insbesondere im Boulevardjournalismus in der Rubrik «Unfälle und Verbrechen» – unreflektierte Anspielungen auf den «Geisteszustand» von straffälligen Personen. Effekthascherische Berichte über Menschen in einem psychischen Ausnahmezustand sind leider ebenfalls keine Seltenheit. Solche Schilderungen tragen ebenso zur Stigmatisierung bei wie die häufig deplacierte Verwendung psychiatrischer Fachbegriffe (etwa «schizophrene Denkweise»). Auch einseitig psychiatriekritische, häufig ideologisch untermauerte Verteufelung einzelner Behandlungsmethoden (beispielsweise Psychopharmakatherapie oder Klinikbehandlung) verstärken die negativen Einstellungen gegenüber der Psychiatrie. Dieser Form der stigmatisierenden Berichterstattung mit teilweise grotesken Zerrbildern stehen glücklicherweise immer häufiger Artikel gegenüber, welche differenziert über einzelne Krankheitsbilder orientieren und auch Wege zur Linderung und Heilung psychischen Leidens aufzeigen.

Wirksame Aufklärungsarbeit besteht aber nicht nur in der Veröffentlichung verständlicher störungsorientierter Fachartikel, sondern vor allem auch darin, betroffene Patienten gezielt mit einzubeziehen. Diesen mutigen und anspruchsvollen Ansatz hat die Autorin mit dem vorliegenden Buch gewählt und sich dabei vielfältigen Herausforderungen gestellt.

Zum Dilemma, über psychische Probleme öffentlich zu sprechen
Psychisches Leiden auf dem Boden innerseelischer Konflikte vollzieht sich im Verborgenen und bleibt in der Regel lange Zeit unbemerkt. Ursache dafür sind in vielen Fällen Scham-, Schuld- sowie auch Versagensgefühle. Einem depressiv gehemmten Menschen fällt es beispielsweise schwer, seine krankheitsbedingte Antriebs- und Leistungsminde-

rung kundzutun und Hilfe zu beanspruchen, da er sich wegen vermeintlichen Ungenügens und Versagens selber verurteilt und entsprechende Ablehnung und Zurückstossung von aussen befürchtet. Im Rahmen einer Stigmatisierungsdynamik ist überdies häufig zu beobachten, dass sich psychisch kranke Menschen unkritisch mit gesellschaftlichen Vorurteilen identifizieren, so zum Beispiel mit dem Irrglauben, «die Bewältigung psychischer Probleme ist Willenssache» oder auch «wer psychisch labil oder krank ist, trägt selber Schuld». Besonders häufig sind solche moralisierende Vorurteile gegenüber Menschen mit Suchtproblemen oder psychosomatischen Beschwerden. In diesem Zusammenhang hat eine unheilvolle politische Rhetorik um den Begriff «Scheininvalidität» in letzter Zeit für polarisierende Diskussionen gesorgt.

Wie kann unter diesen Umständen in einem Buch – also in der Öffentlichkeit – über psychisch kranke Menschen, ihr Krankheitserleben, ihre Ängste in geeigneter Form berichtet werden? Ist es überhaupt möglich, Betroffenen eine Stimme zu gegeben, ohne ihnen zu nahe zu treten, ohne ihre schmerzhafte Leidensgeschichte unnötig zu reaktivieren? Wie soll schliesslich der grundsätzlichen Gefahr einer Banalisierung und Boulevardisierung komplexer psychiatrischer Krankheitsgeschichten wirksam begegnet werden? Solche ethischen sowie auch verschiedene rechtliche Fragen waren gründlich zu klären, bevor das Projekt dieses Buches in Angriff genommen werden konnte.

Warum wir das Projekt «Aus dem Lot: Menschen in der Psychiatrie» unterstützen – und was wir gelernt haben

Das Anliegen dieses Buches, einer grösseren Leserschaft mittels verschiedener ausführlicher Patientenporträts Einblick in subjektives Krankheitserleben bei verschiedenen psychiatrischen Störungen zu vermitteln, hat die Verantwortlichen unserer Klinik von Anfang an überzeugt – ebenso die Idee, auf diese Weise einen wirksamen Beitrag zur deren Entstigmatisierung zu leisten. Die Anfrage zur Durchführung solcher Interviews in unserer Klinik hat uns gefreut. Das angestrebte journalistische Prinzip – nämlich die Annäherung ans Thema durch Dialog auf dem Boden einer vertrauensvollen Begegnung mit den einzelnen Betroffenen – schien uns gut zur langjährigen psychotherapeutischen Tradition unseres Hauses zu passen. Auch die psychotherapeutische Psychiatrie lebt wesentlich vom reflexiven Verständnis und Erkenntnisgewinn innerhalb eines Beziehungsgeschehens. Das lebendige Interesse der Autorin am Einzelschicksal der Patienten, verbunden mit ihrem beherzten Engagement für prinzipielle Fragen der Psychiatrie, erwies sich dabei als wichtig und hilfreich für das Gelingen.

Die angefragten Patienten haben – nach anfänglicher Skepsis – überaus positiv reagiert und meistens spontan zugesagt. Auch bei Mitpatienten, Angehörigen und unseren Mitarbeitern durften wir wohlwollende Neugier feststellen. Die verschiedenen Klinikbesuche der Autorin, ihre zum Teil kritischen Fragen zu Psychiatrie und Psychotherapie, aber vor allem die Reaktionen unserer Patienten auf die geführten Gespräche haben bei allen Beteiligten einen wertvollen Prozess in Gang gesetzt.

Wir haben viel gelernt. Alte Fragen wurden durch neue abgelöst und haben bisher Selbstverständliches in anderem Licht erscheinen lassen. Die Schicksale unserer Patienten haben uns – im Lichte der einzelnen Interviews – von Neuem berührt. Nachfolgende Porträts über diese Menschen, die vorübergehend in einer Krise aus dem Lot geraten sind, mögen dem Leser ähnliche Erfahrungen vermitteln.

Gefangen

jp 18-jährig

«jp» möchte sie an dieser Stelle genannt werden. Die Initialen stehen für «Jungpsychopath». So nannte sich eine Patientengruppe, der sie bei ihrem ersten, drei Jahre zurückliegenden Klinikaufenthalt angehörte.

In den Monaten zuvor hatte sich jp kontinuierlich zurückgezogen. Sie vergrub sich hinter dramatischen Realitätsberichten sowie Fantasy-Literatur und entdeckte Internet-Foren und Chat-Räume, vor allem zum Thema Selbstverletzung. Es behagte ihr, physisch niemanden in der Nähe zu wissen und doch nicht allein zu sein. «Ich fand es faszinierend, Menschen kennenzulernen, sogar gut kennenzulernen, ohne dass sie mich kannten. Weil sie mich nicht sahen, konnten sie keine Vorurteile aufbauen; das war für mich eine ideale Plattform.» Mitzudiskutieren und sich in die Lebensgeschichten anderer hineinzuversetzen, wurde zur Sucht. Immer öfter machte jp die Nacht zum Tag. Dann war das Chatten billiger und ihre Umgebung stiller.

Das Bedürfnis nach Ruhe kam zu Beginn der Pubertät auf. Zunehmend kam sich jp anders als die andern vor. Sie sagt: «Die Menschheit interessierte sich nicht für mich, deshalb interessierte ich mich auch nicht für sie. Die meisten Menschen sind mir egal oder ich mag sie nicht.» jp zog sich zurück, speziell von den Eltern und den beiden älteren Brüdern; der eine ist seit Jahren drogenabhängig, der andere aus ihrer Sicht «nicht offensichtlich gestört», vereinsame aber am Bildschirm vor Waffenspielen. jp igelte sich ein, verliess ihr Zimmer kaum mehr und sprach mit der Familie gerade noch über das Nötigste.

Ihre Gedanken aber waren aktiv. Sie hinterfragte vieles und verurteilte fast alles. «Ich hasse die ganze Welt.» Immer stärker empfand sie von vielen Seiten Ablehnung und kam ins Dilemma, allein sein zu wollen, mit der Einsamkeit aber nicht fertig zu werden. Beziehungen aufzubauen, war ihr nie gelungen, und was Freundschaft bedeutet, wusste sie nicht. Ihre Verbindungen zu andern Menschen bezeichnet sie rückblickend als «Zweckgemeinschaften zu Aussenseiterinnen». In vielem war sie ängstlicher als ihre Umgebung. «Ich dachte immer, aufpassen zu müssen, was ich sage und tue, um nicht fertiggemacht zu werden.» In öffentlichen Verkehrsmitteln drückte sie immer wieder auf den Knopf bei der Tür, um sicherzugehen, dass bei der gewünschten Station auch wirklich angehalten werde. Noch heute kontrolliert sie viele Male hintereinander, ob ihr Rucksack verschlossen ist, ob sie nichts vergessen hat, ob sie im Besitz eines korrekten Billetts ist und im richtigen Zug sitzt. Zwänge wie diese erklärt sie sich mit einem «Misstrauen allem gegenüber, vor allem mir selbst». Oft weiss sie nicht, ob auch wirklich stimmt, was sie sagt, und auf die Frage, wie es ihr geht, kann sie keine Antwort geben. «Ich spüre einfach nichts oder zu viel auf einmal.»

Mit sich selbst fühlte sie sich nie gut. «Ich mochte mich nie, meine Gedanken nicht, meine Gefühle nicht und meinen Körper sowieso nicht.» Die Abneigung mündete schon früh in Hass. Als Mädchen schlug sie mit dem Kopf gegen die Wand, hämmerte die Stirn gegen die Tür oder rannte auf Tischkanten zu. Solche Handlungen hätten schon immer etwas «extrem Befriedigendes» für sie gehabt: «Das kommt von meinem Selbsthass, den ich sehr oft verspüre. Der wiederum geht auf Schuldgefühle zurück, die schon ewig lange da sind. Es ist für mich eine riesige Befriedigung, wenn ich zerstören kann, was ich am meisten hasse.» Seitdem sie denken kann, trägt sie das Gefühl in sich, böse zu sein, und macht dafür ihre Eltern verantwortlich: «Ich bin nicht krank geboren worden, sondern mein nächstes Umfeld hat mich krank gemacht.» Ihren Vater beschreibt jp als «manchmal fast schon extrem christlich»; er lebe in einer starken Polarisierung zwischen Gut und Böse und habe ihr sehr enge Denkmuster vermittelt: «Es gibt für ihn kaum etwas, von dem man glauben darf, dass es gut ist; darin sind sich diese Leute sehr ähnlich.» Mit «diesen Leuten» meint jp «manche Christen». Sie sagt: «Ich mag diese Leute einfach nicht, mich ekelt vor ihrer heuchlerischen Christlichkeit.» Das aber hindert sie nicht daran, die Grundgesetze des Christentums «in Ordnung» zu finden: «Würden wir nach den Zehn Geboten leben, würde die Welt ganz gut funktionieren.» Für jp existiert «etwas Höheres, das die Verbindung von allem ist». In Zeiten, in denen es ihr besonders schlecht ging, war ihr diese Vorstellung eine Stütze. «Wenn ich nachts zu den Sternen schaute, wurde mir klar, dass man nichts ist; man ist so klein und meint, so grosse Probleme zu haben. Das geht doch nicht auf! Mein Glaube half mir manches Mal, etwas runterzukommen.»

«Ich wünsche mir, mich selbst nicht mehr gefangen zu halten. Ich will ein freier Mensch sein.»

Es gab auch andere Zeiten. jp war 15, als sie zum ersten Mal einen Rasierapparat zerbrach und sich mit der Klinge in den Oberarm schnitt. Sie ritzte immer wieder, immer tiefer und bald schon mehrfach täglich. Eine besonders tiefe Wunde fügte sie sich zu, als sie von den Selbstverletzungen ihrer Mutter erfuhr, die zur Behandlung einer Depression in der Klinik war. Als «ausgesprochen eng» bezeichnet jp das Verhältnis zur Mutter in den frühen Kinderjahren, auch wenn wenig gesprochen worden sei. Sie habe sich aber stets beschützt und sicher gefühlt und beschreibt sich selbst als «extrem anhänglich». Die Jugend der Mutter sei «krass» gewesen, sagt jp und berichtet vom «abgefackelten» Zimmer in deren Elternhaus, mehreren Selbstmordversuchen und dem «furchtbaren» Heim, in das die Mutter gesteckt worden sei. Mit 20 habe sie geheiratet, «richtig besser wurde es für sie aber erst, als wir Kinder auf die Welt kamen – doch wir waren Mittel zum Zweck». Ihre Brüder und sie hätten der Mutter das Gefühl von Nähe und Liebe vermitteln können. Beides sei mit dem Grösserwerden der Kinder aber wieder aus deren Leben verschwunden, worauf sich die psychischen Probleme zurückmeldeten, ein Klinikaufenthalt nötig wurde und die Selbstverletzungen begannen. Für die Situation ihrer Mutter zeigt jp Verständnis; ihre Zuneigung ist jedoch verschwunden. Gerade die Tatsache, dass Mutter und Tochter dasselbe Leiden haben, lässt jp auf Distanz gehen. «Dadurch, dass ich mehr über sie weiss, weiss sie auch mehr über mich.» Das aber ist ihr unangenehm.

Zu Beginn mussten starke Gründe vorliegen, damit jp zur Klinge griff. «Mit der Zeit aber hatte ich nur noch das Verlangen, Blut zu sehen. Ich wollte einfach immer wieder dieses Glücksgefühl haben. Die Euphorie kommt mit den ausgeschütteten Endorphinen und der Befriedigung, sich noch etwas mehr selbst zerstört zu haben.» Schmerz verspürte sie kaum. Über allem standen der Drang, sich selbst bestrafen zu können, und das Gefühl von Befreiung, wenn sie eine vermeintliche Dummheit durch einen Schnitt wieder rückgängig zu machen glaubte. «Beim Schneiden hatte ich immer das Gefühl, mir etwas Gutes zu tun.» Die Haut an ihren Unterarmen ist rot, durchsetzt von vielen Narben, unterschiedlich lang und in die verschiedensten Richtungen verlaufend. In Littenheid trug sie im Sommer kurzärmlige Oberteile. «Hier ist das okay, hier tuschelt niemand hinter meinem Rücken.»

Draussen aber, im Alltag, trägt sie ausschliesslich Kleider mit langen Ärmeln oder Stulpen – unabhängig davon, wie heiss es ist –, und aufs Schwimmen verzichtet sie seit vielen Jahren. Sie sagt: «Meine Schnitte finde ich nicht hässlich, sie sind ein Teil von mir. Es war ein Weg, den ich gewählt habe, weil ich keinen andern Weg kannte.» Die Wunden anderer aber tun ihr weh, vor allem von Menschen, die sie mag. «Wer sich schneidet, dem geht es nicht gut. Dass es einem so schlecht geht, dass man sich verletzen muss, macht mich extrem betroffen und hilflos.»

Während der letzten acht Wochen ihres knapp fünfmonatigen Aufenthalts in Littenheid schnitt sich jp nicht mehr. Zum ersten Mal habe ihr ein Therapeut klarmachen können, «dass es auch anders geht als mit Selbstverletzungen und andern krassen Dingen». Erst im Verlauf dieser Gespräche habe sie begriffen, dass es «nicht normal ist, sich für nichts schuldig zu fühlen». Sie erinnert sich: «Bevor ich nach Littenheid kam, fiel mir das gar nicht speziell auf. Ich hatte nicht realisiert, welche Reaktionen selbst verursachte Wunden bei andern Menschen auslösen können. Das Gesicht einer fremden Person, die meine Narben sieht, kann ganz schön eindrücklich sein. Plötzlich merkte ich, dass das, was ich mache, verdammt schlimm ist.» Trotz dieser Erkenntnis kostet es jp nach wie vor Überwindung, sich nicht mehr selbst zu verletzen: «Es ist ein Kampf, denn das Bedürfnis wäre eigentlich täglich ganz extrem da», gibt sie zu und spricht von «reiner Vernunft». Zu dieser gelangte sie in der «Skills-Gruppe» – einer Therapie, in der Fähigkeiten zur Selbsthilfe erarbeitet werden und in der sie eine Liste mit Pro und Kontra betreffend die Selbstverletzungen aufstellen sollte. Sie wurde aufgefordert, nach einem ausschlaggebenden Kontrapunkt zu suchen, um mit dem Schneiden aufzuhören. «Ich merkte, dass ich nicht frei bin, wenn ich mich selbst verletze, sondern dass ich das aufgrund von Denkmustern mache, die ich von meinen Eltern habe. Ich will mich von ihnen lösen, fessle mich mit diesem Verhalten aber stärker an sie. Das möchte ich nicht mehr. Das sind mir diese Leute nicht wert.»

Dieser Zusammenhang ist jp erstmals in Littenheid klar geworden. Während zweier vorangehender Aufenthalte in andern Kliniken tappte sie weitgehend im Dunkeln. Über Monate hatte sie ihre Wunden kaschieren können; doch als sie sich einmal so stark verletzte, dass ein klaffender Schnitt genäht werden musste, informierte der Arzt die Eltern. Es folgten «sehr unerfreuliche» Gespräche, so jp, und der Entscheid der Mutter, ihre Tochter zum Psychiater zu schicken. Als sie kurz darauf nicht darum herumkam, gleich mehrere tiefe Wunden medizinisch behandeln zu lassen, schickte der Arzt jp ins Kinderspital, wo sie unter Narkose genäht werden musste. Danach wurde sie in eine kinder- und jugendpsychiatrische Einrichtung eingewiesen. «Es gefiel mir dort, doch geholfen hat es nicht.» Nach drei Monaten rief eine Klassenkameradin in der Klinik an und fragte, ob jp wieder in die Schule zurückkomme. Das löste einen Motivationsschub aus; die Schule war der einzige Ort, an dem jp sich dank ihren ausgezeichneten Leistungen bestätigt fühlte. Nach einer Woche aber wurde die Belastung zu gross, in jp wuchs die Angst vor ihren Kameraden, vor der Verantwortung, vor einer Überforderung. Sie ging von Apotheke zu Apotheke, kaufte, um nicht aufzufallen, jeweils in kleinen Mengen Schmerzmittel und schluckte abends eine Tablette nach der andern.

Zwei Jahre später zweifelt sie daran, ob sie sich wirklich das Leben nehmen wollte. In elendem Zustand bat sie damals ihren Vater, sie ins Spital zu bringen. Zum zweiten Mal kam sie in die kinder- und jugendpsychiatrische Einrichtung. Dabei wünschte sie sich nichts mehr, als in die Schule zurückzugehen. «Meine Euphorieschübe verpufften aber leider schnell.» Die letzten Wochen in der Klinik sind jp in schlechter Erinnerung. Sie brachte einen Grossteil des Teams gegen sich auf: «Mir wurde unterstellt, mit meinen Selbstverletzungen die Betreuer dazu bringen zu wollen, sich um mich zu kümmern.» Was sie damals als unfair empfand, stuft sie heute als Teilwahrheit ein: «Ich konnte mein Leid damals wohl nicht anders mitteilen.»

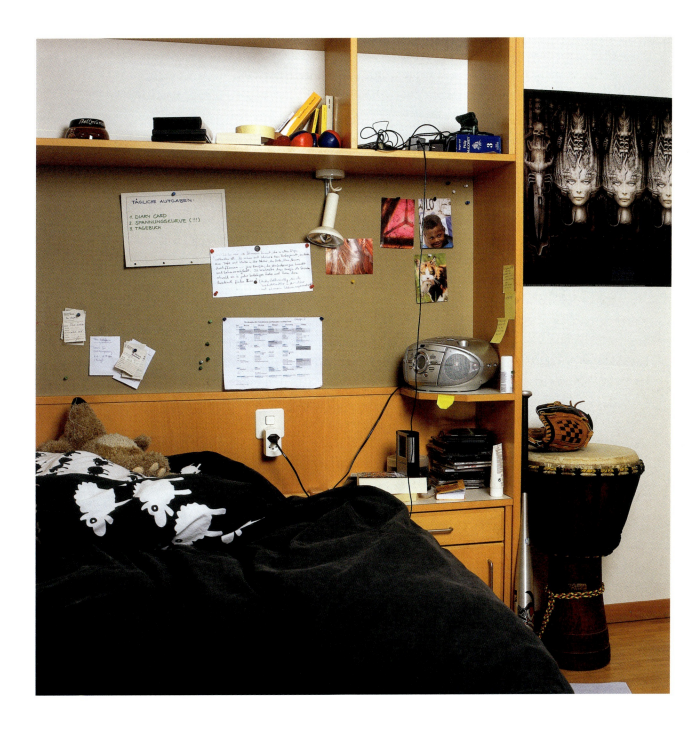

jps Zimmer in Littenheid

Nach dem zweiten Psychiatrieaufenthalt startete jp einen neuen Versuch in der Schule. Doch ihre Kraft liess sie zunehmend im Stich. In den Sommerferien konnte sie sich zu Beginn ein wenig erholen, «dann schob ich wieder Panik». Der ambulante Therapeut verschrieb ihr Medikamente – eine Mischung aus Neuroleptika und Antidepressiva. Die Mittel wirkten schnell und machten sie ruhiger. Es ging ihr besser, was sie aber nicht verdient zu haben glaubte. Deshalb beschloss sie ohne ihren Arzt, die Medikamente abzusetzen. Dazwischen aber nahm sie Überdosen ein und verletzte sich wieder häufiger und tiefer. Nach den Herbstferien fehlte jp immer öfter. Sie schleppte sich von Tag zu Tag, die Kontrolle über sich selbst entglitt ihr. Schliesslich hielt ihr Therapeut in einem Zeugnis fest, dass jp eine Auszeit brauche. Über eine Kollegin hatte sie von Littenheid erfahren. «Es wurde mir zu gefährlich mit mir selbst», sagt sie rückblickend; Littenheid hielt sie für ihre «letzte Chance».

Ein halbes Jahr später mag sie sich nicht auf das Leben ausserhalb der Klinik freuen. Es hätte sie erleichtert, länger in Littenheid bleiben zu können, doch ihr Therapeut ermutigte sie zum Schritt zurück in den Alltag. «Ich habe Panik vor dem ganzen Leben», bekennt sie wenige Tage vor ihrem Austritt. Sie plant, mit einer ehemaligen Mitpatientin und einer zweiten Kollegin zusammenzuziehen. Eine Sozialarbeiterin von Littenheid brachte jp in Kontakt mit einer Einrichtung, die Tagesprogramme und einen Mittagstisch anbietet. Für eine Ausbildung oder einen Job fehlen ihr die Kräfte. Vor Monaten hat sie der Invalidenversicherung einen Brief geschrieben mit der Bitte, ihr einen Arbeitsplatz in einer geschützten Werkstätte zu vermitteln. Sie weiss, dass die Antwort bis zu einem Jahr auf sich warten lassen kann. Eigentlich wollte sie Journalistin werden oder Buchhändlerin oder Architektin. Jetzt sagt sie: «Ich habe keine Erwartungen mehr, sondern hoffe einfach, dass ich mich an das Leben draussen wieder gewöhnen werde.»

> *jp wurde es zu gefährlich mit sich selbst. Die Klinik hielt sie für ihre «letzte Chance».*

Zwei Monate nach ihrem Austritt hielt jp in einem Brief fest: «Es ist ein ewiger Kampf, daran hat sich nichts geändert. Doch weiss ich jetzt wenigstens, wofür ich kämpfe, worauf ich hinarbeite. Auf ein besseres Leben, ein wenig Zufriedenheit. Denn heute weiss ich, dass ich das sehr wohl verdient habe. Es ist schwer, nicht in die alten Verhaltens- und Denkmuster zurückzufallen, und es gelingt mir nicht immer. Trotzdem habe ich mich seit bald fünf Monaten nicht mehr selbst verletzt. Und ich kann manchmal sogar stolz darauf sein. Manche Pläne, die ich bei meinem Austritt hatte, haben sich als undurchführbar erwiesen, mussten ersetzt oder zumindest verschoben werden. Ich denke da vor allem an meine Wohn- und Arbeitssituation. Und doch geht es weiter. Ich gebe die Hoffnung nicht auf. Von Zeit zu Zeit geht mir wohl mal die Kraft aus, verlier ich mein Ziel aus den Augen. Alles sieht dann wieder schwarz und trostlos aus, und ich fühl mich allein auf der Welt. Aber ich habe meinen Weg immer wieder gefunden. Ich hoffe, das bleibt auch so. Leicht ist es nicht, aber das hat auch nie jemand behauptet. Und ich bin stärker geworden im letzten Jahr, oder ich habe zumindest meine Kraft entdeckt und etwas Vertrauen zu ihr gefasst. Ich weiss jetzt auch, dass ich nicht alles heute oder morgen machen muss. Ich kann mir Zeit lassen, muss mich nicht ständig unter Druck setzen, denn ich hab schon verdammt viel erreicht in diesem Jahr, worauf ich stolz sein kann (was ich mir auch immer und immer wieder zu sagen versuche). Ich habe irgendwie das Gefühl, ich sollte noch etwas Kluges zum Abschluss sagen (das macht man doch so, nicht wahr?). Ich habe ein Weilchen gesucht und sogar etwas gefunden. Ich hörte dieses Zitat von einer Freundin, mit der ich zusammen in Littenheid war, und es begleitet mich seit jener Zeit und lässt mich immer mal wieder lächeln und hoffen: ‹Man muss noch Chaos in sich haben, um einen tanzenden Stern gebären zu können› (Friedrich Nietzsche).»

«Sie merkt sofort, wenn es jemandem nicht gut geht.»
Gedanken einer Mitpatientin von jp:

«jps erster Eindruck von mir war nicht gut. Ich trat mit meiner zweijährigen Tochter in Littenheid ein, und jp hatte Kinder eigentlich überhaupt nicht gern. Sie konnte nichts mit ihnen anfangen. Später erzählte sie mir, dass sie an meinem Eintrittstag in ihr Tagebuch geschrieben habe: ‹Ich gehe.› Sie hat sich ernsthaft überlegt, auszutreten! Das hat sie aber schnell revidiert, denn schon bald hatte sie sich in meine Tochter verliebt. Seither begleitet sie mich eigentlich jeden Tag, wenn ich die Kleine aus der Spielgruppe abhole.

jp gibt sich häufig als cool und unnahbar, doch wer ihr Vertrauen gewonnen hat, kann stundenlang mit ihr diskutieren. Manchen Abend im Sommer lagen wir draussen, schauten in die Sterne und philosophierten. Das kann jp sehr gut. Sie ist auch sehr feinfühlig und merkt sofort, wenn es jemandem nicht gut geht. Sie geht auf Menschen zu, die sie gerne hat, und fragt, wie es geht. Wenn man darüber spricht, hört sie richtig zu – nicht einfach nur so nebenbei. Aber auch wenn man abblockt, bleibt sie bei einem. Oft sass sie neben mir, sagte nichts, und doch tat es gut, dass sie bei mir war. Sie ist auch sehr gewissenhaft, zum Beispiel was die Ämter auf unserer Station betrifft. Sie hält ihre Aufgaben selbst immer ein und schaut auch, dass andere sie einhalten. Ich empfinde das als sehr positiv. Negativ – wenn man das so sagen kann – ist, dass jp sehr reizbar ist. Ein falsches Wort, und sie ist gleich auf hundert. Ihr Tonfall wird dann schnippisch, sie verschliesst sich und nimmt eine gespannte Haltung an. Aber sie kommt auch sehr schnell wieder runter. Wenn sie abweisend reagiert, dann weiss ich, dass das nur für einen Moment so ist. Ich reagiere ähnlich und nehme das bei ihr nicht persönlich, weil ich es nachvollziehen kann. Es berührte mich immer sehr, wenn es jp nicht gut ging; man verletzt sich ja schliesslich nur dann selbst, wenn es einem ganz schlecht geht. Und dann kommt noch etwas dazu: Wenn sich jemand von unserer Station verletzt, dann ist das wie ein Auslöser für mich; ich möchte dann auch das Recht haben, mich verletzen zu dürfen. Aber in erster Linie tut es einfach weh für den andern.

jp hat einen sehr wichtigen Punkt durchgemacht, als sie in einer Gruppentherapie sagte, dass sie sich bewusst für einen neuen Weg entschieden habe. Sie hat das nicht nur gesagt, sondern man hat diesen Vorsatz auch ihren Augen angesehen. Sie wollte sich ab dem Moment nicht mehr selbst verletzen. Wir hatten davor darüber gesprochen, dass wir uns beide noch ein letztes Mal schneiden und dann aufhören würden. Etwa zur selben Zeit haben wir uns für diesen neuen Weg entschieden und einander sehr gestützt. Gerade in der letzten Zeit, als die meisten um uns wieder mit Selbstverletzungen begannen, haben wir uns gegenseitig angespornt, durchzuhalten. Zum Glück kann ich einige Tage nach jp aus Littenheid austreten. Es wäre schwer, länger ohne sie hierzubleiben. Wir werden versuchen, den Kontakt aufrechtzuerhalten, doch das ist bei Borderlinern schwierig. Ich habe mich in den letzten Wochen sehr zurückgezogen, weil ich sie so gern bekommen habe; jetzt ist die Angst gross, verletzt zu werden; ich möchte mich von ihr nicht verlassen fühlen. Manchmal verhalte ich mich extra eklig, damit sie mich ablehnt und es mir nicht so schwerfällt. Sie sagte mir, bei ihr sei das genau dasselbe; wir sind auch diesbezüglich auf demselben Weg.»

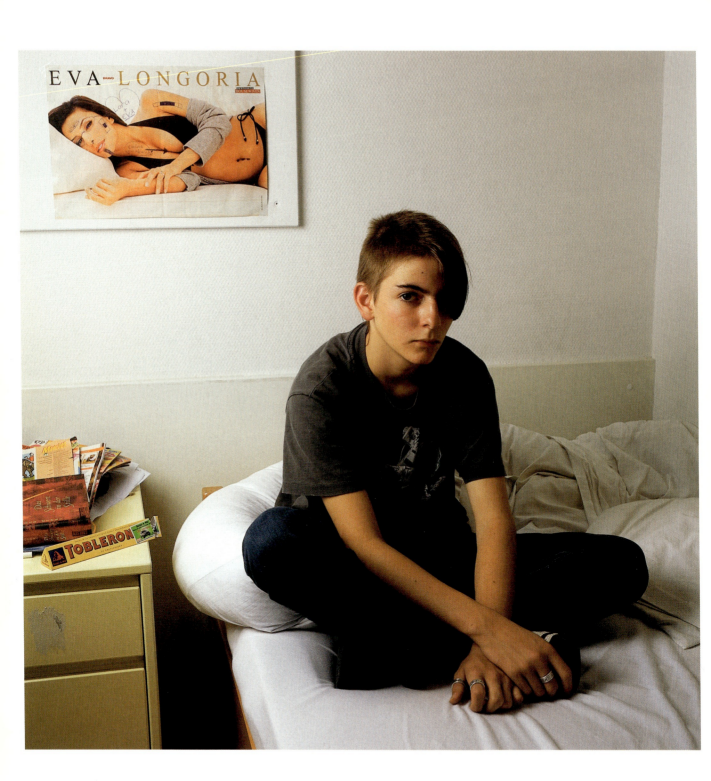

Anderswo

Stefan 14-jährig

Die Momente, in denen seine Aufmerksamkeit an einen Ort entschwindet, an dem er sie nicht mehr erreichen kann, sind fester Bestandteil seines Lebens. Über Minuten scheint dann nur noch seine Hülle vorhanden zu sein und sein Inneres sich verabschiedet zu haben. Er hört nichts mehr, sieht nichts mehr und reagiert nicht mehr. Gegen solche Geistesabwesenheiten kämpft er seit der Realschule. Der Eindruck, einen Fensterplatz zu haben, beschleicht Stefan seither deutlich häufiger, als dies der Realität entspricht. Oft dringen die lauten Worte des Lehrers nicht bis zu ihm durch, sie machen einen Umweg um seine Ohren oder gehen durch ihn hindurch, ohne hängen zu bleiben. Wird er beim Namen gerufen, scheint das Wort nicht zu ihm zu finden, und läuft der Lehrer in direkter Linie auf ihn zu, fixiert Stefan weiterhin einen Punkt in der Luft. Inzwischen weiss der 14-Jährige, dass sich das Tor zur Zerstreuung jeweils öffnet, wenn ihm langweilig ist, und sich erst dann wieder schliesst, wenn ihn ein Schreck zusammenzucken lässt: eine abrupte Bewegung, eine starke Vibration, ein Schrei.

Dass die Tagträumereien nicht auf schlechten Willen zurückzuführen sind, wurde erst in Littenheid klar. Dort bekamen die bis dahin unerklärlichen Ausfälle den Namen Aufmerksamkeitsdefizit- und Hyperaktivitätssyndrom (ADHS). Seither wird Stefan mit Ritalin behandelt. Obwohl bisher nicht genau geklärt ist, wie das Weck- und Aufputschpräparat in den Hirnstoffwechsel eingreift, gilt das Mittel als eine der wichtigsten Behandlungsmöglichkeiten gegen ADHS. Der Name «Ritalin» war Stefan bekannt; er wusste, dass sich Fachleute über dessen Einsatz uneinig sind und dass eine ganze Palette an Nebenwirkungen bekannt ist. Deshalb gab ihm seine Ärztin vor der ersten Einnahme Kopien aus einem Kompendium, die Stefan genau studierte. Sorgen machten ihm vor allem der Hinweis auf Haarausfall sowie die Gefahr, abzunehmen. Bei einer Grösse von einem Meter sechzig wog Stefan zu Beginn seines Klinikaufenthalts knapp 40 Kilogramm, weshalb ihm als Erstes eine tägliche Ration Astronautennahrung verschrieben wurde. Umso erleichterter war er, am Ende der ersten Packung Ritalin feststellen zu können, dass er weder Haare verloren noch abgenommen hatte. Inzwischen schwört er auf das Medikament und hat mit seiner Ärztin sogar eine Erhöhung der Dosis vereinbart. «Voll gut», findet er das Mittel, das ihm helfe, sich wieder zu konzentrieren und am Stück zu arbeiten – etwa in der Littenheider Werkstatt, in der er ein Holzhaus für seine Mäuse baute. «Wenn ich einmal mit einer Arbeit begonnen habe, bin ich nicht mehr zu stoppen.» Dank Ritalin kann er auch wieder am Schulunterricht teilnehmen und den Ausführungen des Lehrers folgen. Während der ersten drei Monate seines Klinikaufenthalts besuchte Stefan die interne Schule; danach radelte er während eines Monats täglich von Littenheid nach Wilen in die Realschule. Dass ihn die Sätze der Lehrpersonen plötzlich erreichten und er den Stoff begreifen konnte, überraschte ihn.

Der Unterschied zur Zeit vor Littenheid muss frappant gewesen sein. Irgendwann hatte Stefan den Kampf gegen die Unaufmerksamkeit aufgegeben und sich selbst erklärt, für die Schule nicht geschaffen zu sein. Dazu trugen Konflikte mit seinem Lehrer massgeblich bei. Immer häufiger behielt dieser den Jungen nach dem Unterricht alleine zurück, um ihm unter vier Augen Dinge zu erklären, die an seinem Schüler vorbeigezogen waren. Diese Stunden hasste Stefan; sie gaben ihm das Gefühl, ein Versager zu sein. Er begann Buch zu führen über alles, was in der Schule vorgefallen war: wenn ihn der Lehrer vor die Tür geschickt hatte, ihm Strafaufgaben aufgetragen oder ihn aus seiner Sicht ungerecht behandelt hatte. «Damit wollte ich zur Polizei gehen, falls es total eskalierte.» Eines Abends mochte er die Seiten füllenden Listen nicht mehr sehen, verbrannte die Aufzeichnungen und beschloss, dem Lehrer fortan auszuweichen. Statt die Schulbank zu drücken, sass Stefan zu Hause vor dem Fernseher oder im Kino, spielte mit seinen Mäusen, kaufte ein und bekochte sich selbst. Danach putzte und lüftete er gründlich, damit niemand Verdacht schöpfen konnte. Über Wochen fiel sein Daheimbleiben niemandem auf, weil tagsüber keiner zu Hause war.

Ein Jahr zuvor hatten sich seine Eltern getrennt. Das Sorgerecht liegt beim Vater, die Mutter ist ausgezogen. Ihren neuen Partner hat sie in Littenheid kennengelernt, wo beide zum Alkoholentzug einige Monate auf derselben geschlossenen Station verbrachten. Es gab Zeiten, in denen Stefan den Zustand der Mutter kaum mehr ertragen konnte, in denen ihm die leeren Flaschen im Küchenschrank oder hinter dem Ehebett zu viel wurden. Als er in einem Wochenendurlaub während des Klinikaufenthalts die an Leberzirrhose und Hepatitis Erkrankte erneut schwer betrunken vorfand, griff er zum Hörer und liess sie mithilfe des Hausarztes in die Klinik einweisen. Trotz mancher Schwierigkeit verbindet die beiden aber ein inniges Verhältnis. «Ich würde ihr gerne helfen», sagt Stefan, «aber sie hört leider auf niemanden und vergisst sehr schnell, was man ihr gesagt hat.»

Sein Verhältnis zum Vater war über weite Strecken getrübt. Die beiden gerieten sich dauernd in die Haare, Stefan erzählte dem Vater nichts mehr und wich ihm zunehmend aus. Zu Beginn liess sich dieser von den Anrufen des Lehrers nicht beeindrucken. «Zwei Monate konnte ich frei Theater spielen», erzählt Stefan. Ausser einer Cousine, zu der er ein besonders enges Verhältnis hat, war niemand eingeweiht. Einige Schulkameraden erkundigten sich zwar immer wieder, wo ihr Kollege bleibe. «Denen sagte ich, dass ich nichts mehr von meinem Lehrer und der blöden Schule wissen wollte, und das verstanden sie sofort.» Irgendwann aber schöpfte der Vater Verdacht. Zur Kontrolle kehrte er eines Tages bereits am Nachmittag von der Arbeit heim – und fand seinen Sohn auf dem Sofa ausgestreckt vor einem Trickfilm. Er packte Stefan ins Auto und fuhr ihn zur Schule. Als er um die Ecke gebogen war, lief Stefan schnurstracks nach Hause und schaute den Film zu Ende. Abends erkundigte sich der Vater beim Lehrer und musste erfahren, dass Stefan gar nicht aufgetaucht war. Noch liess er sich vom bitteren Weinen seines Sohnes erweichen und bemerkte nicht, dass sich dieser Wassertropfen als Tränen ins Gesicht gesprenkelt hatte. Tags darauf gab er seinen Sohn direkt beim Lehrer ab. Bereits in der ersten Schulstunde aber liess Stefan eine freche Bemerkung fallen und wurde vor die Tür geschickt, wo ihm nach wenigen Minuten so langweilig war, dass er sich auf den Heimweg machte. Nachdem ihn der Vater am nächsten Morgen erneut direkt abgeliefert hatte, gab Stefan in der Turnstunde vor, sich den Fuss verknackst zu haben. Statt zum Arzt zu gehen, schlug er auch diesmal den Heimweg ein und wickelte um den gesunden Knöchel selbst einen Verband.

«Ich wünsche mir einen guten Beruf, ein grosses Haus mit Familie und einen Husky.»

Schliesslich platzte dem Vater der Kragen. Er suchte das Gespräch mit dem Schulleiter, vereinbarte Termine beim psychiatrisch-psychologischen Dienst, dem Sozialdienst der Gemeinde sowie dem Kinder- und Jugendpsychiatrischen Dienst und musste zur Kenntnis nehmen, dass sich über Wochen niemand zuständig fühlte. Nachdem Stefan kaum mehr in der Schule auftauchte, der Lehrer den Zustand für nicht mehr tragbar hielt und der Vater die 100 000 Franken, die ein Schuljahr in einem vorgeschlagenen Internat gekostet hätten, weder aufbringen wollte noch konnte, blieb nur noch eines: Stefan in einer Klinik begutachten zu lassen. Die Tränen in den Augen des Vaters am Morgen vor der Abfahrt nach Littenheid wird Stefan so schnell nicht vergessen: Aus der Abklärung war ein stationärer Aufenthalt von geplanten sechs Wochen geworden. Schliesslich sollte es vier Monate dauern, bis Stefan wieder gelernt hatte, sich an Regeln zu halten.

Littenheid war für Stefan kein fremdes Gelände, hatte er seine Mutter während ihres Aufenthalts doch regelmässig besucht. «Der Eintritt war für mich easy.» Auf der offenen

Stefans Zimmer in Littenheid

Jugendstation fühlte er sich schnell zu Hause. Gleich in der ersten Woche pinnte er sein Lieblingsposter übers Bett, stellte den Kassettenrekorder von zu Hause auf den Nachttisch und verkroch sich abends mit seiner Plüschmaus unter die Bettdecke. Seit Beginn kommt seine Cousine alle paar Tage zu Besuch; mit ihr verbringt Stefan auch die freien Wochenenden – und damit ist die Welt für ihn in Ordnung. Er findet es «cool», dass es auf der Station eine Küche und ein Wohnzimmer gibt, und verteilt seinen ehemaligen Schulkameraden stolz Visitenkarten der Klinik. In der Gruppe hat er sich gut eingelebt und fühlt sich für die Mitpatienten verantwortlich. Bei Selbstverletzungen oder Suizidverdacht drückt er auf den Knopf im Gang und löst Stationsalarm aus. «Wir reden oft miteinander, erzählen uns viel und wissen eine Menge voneinander», sagt er. Seine Kritik beschränkt sich auf zwei Punkte: die wenige freie Zeit zwischen den vielen Therapien und das Einziehen der Mobiltelefone. Zweimal in der Woche händigt die Stationsleitung die eingeschlossenen Telefone aus, im Übrigen können die Jugendlichen Karten kaufen und das Festnetz benutzen. Stefan reduziert seine Gespräche auf ein Minimum. Die von den Pflegeverantwortlichen wöchentlich verteilten 15 Franken Taschengeld investiert er vor allem in Zigaretten. Für die ein bis zwei Päckchen am Tag reicht das Geld aber nicht aus. Und die 99 Rappen, die er an der Theke des Littenheider Cafés oder in der Werkstatt mit dem Reparieren von Fahrrädern pro Stunde verdient, sind ein symbolischer Zustupf.

Seinen ehemaligen Schulkameraden verteilt Stefan stolz Visitenkarten der Klinik.

Ihm ist viel daran gelegen, bald sein eigenes Geld zu verdienen und von den Eltern unabhängig zu werden. Vorher aber will er das neunte Schuljahr beenden. Im Anschluss an Littenheid wird er in ein Internat eintreten und darauf vielleicht eine Lehrstelle als tiermedizinischer Praxisassistent suchen. Er liebt Tiere, ganz besonders Hunde. In der Nähe seines Elternhauses liegt ein Bauernhof mit einer Husky-Zucht; dort hilft er seit Jahren mit. «Ich habe einen besonderen Draht zu Tieren», sagt Stefan und beschreibt, wie oft er aus wuscheligen Welpen schon kräftige Hunde hat heranwachsen sehen. Die Dummheiten der kleinen Tollpatsche amüsieren ihn, und für ihre Neigung, lieber durch die Maschen zu schlüpfen, als sich an Regeln zu halten, hat er Verständnis. «Das kommt mir bekannt vor.»

«Manchmal hört sein Hirn auf zu arbeiten.»
Gedanken von Stefans Cousine:

«Seit es mich gibt, ist Stefan wie ein kleiner Bruder für mich. Unsere Familien wohnen direkt nebeneinander, wir haben sogar extra einen kleinen Verbindungsweg zwischen den Gärten gebaut. Ich habe Stefan sehr gern, er gehört zu den nächsten Menschen in meinem Leben. Wir sind uns gegenseitig eine Stütze und können uns 100 Prozent aufeinander verlassen. Als er mir vor einigen Monaten sagte, er komme in die Psychiatrie, dachte ich, das kann nicht sein, das ist ein Witz. Wir sprachen deshalb auch gar nicht mehr darüber. Dann aber, an einem Morgen Anfang der Sommerferien, klingelte eine Kollegin bei uns. Sie war ganz aufgeregt und sagte, Stefan werde in wenigen Minuten von seinem Vater in die Klinik gefahren. Ich erschrak und wollte ihm auf jeden Fall noch tschüss sagen; ich wusste ja nicht, wann wir uns wiedersehen würden. Im Pyjama rannte ich auf die Strasse. Wir umarmten uns für etwa 20 Sekunden. Ich machte mir grosse Sorgen um ihn und hoffte, dass er nicht mit Medikamenten vollgepumpt würde und am Ende nicht mehr der Alte ist. Aber zum Glück ist Stefan so geblieben, wie er ist. Er ist nur etwas ruhiger. Er rutscht zum Beispiel nicht mehr so viel auf dem Stuhl herum und kann sich besser konzentrieren. Dafür merkt man umso mehr, wenn die Medikamente aufhören zu wirken. Dann dreht er total auf und hat unglaublich viel Power. Kürzlich waren wir zusammen unterwegs, da ist er wie ein Blitz eine total steile Strasse hochgeskatet. Und wenn wir auf den Velos mit dem Hund unterwegs sind, dann nervt es ihn, wenn wir zu langsam fahren. Er braucht einfach Action.

Stefan ist meistens guter Laune, doch er kann auch sehr stur sein. Er ist hilfsbereit und kümmert sich um die Menschen, die er gernhat. Ihm gegenüber muss man aber aufpassen, was man sagt, er kann sehr sensibel reagieren und ist schnell verletzt. Wenn man zum Beispiel schlecht über seine Mutter spricht, dann sieht man ihm im Gesicht an, dass ihm das wehtut. Und seine Geduld ist schnell am Ende; wenn er in der Schule etwas machen muss, sagt er sofort, er verstehe nicht, worum es geht. Hat er einmal abgehängt, hört sein Hirn quasi auf zu arbeiten. Er vergisst auch sehr viel, aber das macht er, glaube ich, nicht extra. Wenn ihm langweilig ist, dann stellt er komplett ab, dann ist er in Gedanken in der Karibik.

Inzwischen habe ich mich daran gewöhnt, dass Stefan in Littenheid ist. Ich besuche ihn eigentlich jede Woche; ich halte es fast nicht aus, ihn zwei Wochen nicht zu sehen, weil ich ihn zu sehr vermissen würde. Ich mag auch die Stimmung auf seiner Station. Manchmal wünschte ich mir, in Littenheid bleiben zu können, weil es dort keine Eltern gibt.»

Ohnmächtig

I.M. 42-jährig

Drei Tage nach der Geburt wurden sie getrennt. Erst wenige Stunden auf der Welt, war I.M.s Zwillingsschwester plötzlich spurlos verschwunden. Im Spital in Madrid wollte niemand den Säugling gesehen haben, und für das leere Kinderbett liess sich keine Erklärung finden. Dem verzweifelten Nachfragen der Eltern stand schliesslich die Antwort gegenüber, ihre Tochter sei aus unerklärlichen Gründen gestorben. Aus ebenso unerklärlichen Gründen war der Leichnam unauffindbar. Damals, 1963, als Franco Staatschef war, häuften sich Fälle entführter Säuglinge. Wie sich herausstellen sollte, halfen die spanischen Behörden vermögenden kinderlosen Paaren zu Neugeborenen von sozial schlecht gestellten Vätern und Müttern, die sich nicht wehren konnten. Zu ihnen zählten I.M.s Eltern.

Das Ereignis steht am Anfang eines Lebens, das I.M. als «permanenten Kampf» bezeichnet. Wenige Monate alt, wurde sie mit ihrer um drei Jahre älteren Schwester in die Obhut einer Grosstante gegeben, weil die Eltern ihr Glück als Gastarbeiter in der Schweiz probieren wollten. In den folgenden Jahren mussten sich die Mädchen immer wieder auf ein neues Zuhause einstellen; den Eltern fiel der Entscheid schwer, ob ihre Töchter bei ihnen oder den Verwandten in Spanien aufwachsen sollten. I.M. fühlte sich «dauernd hin- und hergerissen». Nachdem sie in der Schweiz den Kindergarten besucht hatte, wurde sie in Spanien eingeschult. Francos System legte Wert auf strenge Erziehung. Um zuschlagen zu können, hatten die Lehrer stets ein Lineal zur Hand, und betraten sie den Klassenraum, mussten sich die Schüler erheben und mit ausgestrecktem Arm die Nationalhymne

I.M.: «Ich hatte nur noch den Wunsch, dass das Licht ausgeht und dass es nie mehr hell wird.»

singen. Für einmal war I.M. glücklich, als sie nach dem ersten Schuljahr erneut ihren Koffer packen musste und mit der zweiten Klasse in der Schweiz fortfahren konnte: «Ich hatte das Gefühl, im Paradies angekommen zu sein.» Das Paradies beschränkte sich aber auf den Klassenunterricht. Ihre Eltern sah I.M. kaum; sie arbeiteten von früh bis spät, und von den Abwartsleuten, bei denen I.M. jeweils zu Mittag ass, fühlte sie sich unfreundlich behandelt. Bis zu ihrem zwölften Lebensjahr war sie Bettnässerin; gegen entsprechende Hänseleien ihrer Schwester vermochte sie sich nicht zu wehren. Der heisse Sommertag ist ihr in klarer Erinnerung, als sie in Windeln gepackt für Stunden ins Bett verbannt wurde. Manchmal musste sie auch stundenlang auf der Toilette ausharren, wenn ihre Schwester von aussen den Schlüssel umgedreht hatte. «Aufmucken wollte ich nicht, ich hätte sonst niemanden mehr gehabt.» Zu den Eltern hatte sie keine enge Beziehung aufbauen können. «Lieber ertrug ich die Gemeinheiten meiner Schwester als allein zu sein.»

Mit 17 Jahren verschenkte sie ihr Herz an eine spanische Ferienbekanntschaft. Ein Jahr später war sie schwanger, und kurz darauf wurde Hochzeit gefeiert. Das Paar kehrte in die Schweiz zurück, wo der junge Vater nach wenigen Monaten seinen Blick nicht mehr von andern Frauen lassen konnte. Eine Affäre löste die nächste ab. «Meine Welt brach zusammen», sagt I.M., «ich wusste ja aus Kinderzeiten, wie man sich fühlt, wenn man verlassen wird.» Mit zunehmender Untreue wuchs sein Kontrollgebaren. Er erlaubte ihr kaum, sich mit Kolleginnen zu treffen, und war derart eifersüchtig, dass sie manch demütigenden Moment wie etwa das genaue Untersuchen ihrer Unterwäsche über sich ergehen lassen musste. «Er nahm mir alles, auch den letzten Rest meines Selbstwertgefühls. Er presste mich aus wie eine Zitrone und drückte selbst dann noch, als kein Saft mehr kam.» Doch bis zum ersten Bruch war ihre Angst vor dem Alleinsein grösser als die erlittene Qual. Nach dem Auffliegen einer neuen Liebschaft und einem harten Streit stellte der Ehemann und Vater seine Frau und seine zweijährige Tochter auf die Strasse. I.M. stand mit leeren Händen da; keinen Rappen hatte er auf dem gemeinsamen Konto gelassen. Ihre Verzweiflung war so gross, dass sie die Kraft nicht mehr fand, sich um ihre Tochter zu kümmern, und ihr nichts anderes blieb, als bei ihrer Schwester anzuklopfen. Dankbar nahm sie deren Angebot an, sie nach Spanien zu begleiten. Als sie dort nichts ahnend ihrem Mann wieder begegnete und ihn leiden sah, beschloss sie, der Beziehung nochmals eine Chance zu geben.

Nachdem neun Monate später das zweite Kind zur Welt gekommen war, begannen die alten Geschichten wieder. Erneut sei jeder Tag eine Katastrophe gewesen, beschreibt I.M. und fügt an: «Dieses Mal sank ich aber noch tiefer.» Sie war am Ende einer Sackgasse angekommen: Die Kraft, sich von ihrem Mann zu trennen, fehlte ihr ebenso wie der Wille,

> *«Ich wünsche mir, dass das Leben nicht so schwer ist und dass ich es leichter nehmen kann, wenn es schwer ist.»*

bei ihm zu bleiben. «Es war eine ohnmächtige Situation.» Sie sah keinen Ausweg mehr und schluckte eine Überdosis Medikamente. «Ich hatte nur noch den Wunsch, dass das Licht ausgeht und dass es nie mehr hell wird.» Geweckt wurde sie von grellen Neonröhren auf der Intensivstation.

Für ihren Mann schien das Ereignis keine Konsequenzen zu haben. «Auch wenn er wusste, dass er mir das Leben zur Hölle machte, konnte er auf andere Frauen nicht verzichten.» Streit gehörte ebenso zur Tagesordnung wie ihre Angst vor seinen Kontrollen. Als er schliesslich mehrere Affären nebeneinander hatte, seine Frau vor den Geliebten schlechtmachte und seine Freundinnen I.M. mit unwahren Erzählungen konfrontierten, sei ihr klar geworden, «dass es längst fünf vor zwölf geworden war». Sie beschaffte sich eine Scheidungsvereinbarung, liess sie auf Spanisch übersetzen, legte sie am Valentinstag auf den Esstisch und forderte ihren Mann morgens auf, bis abends zu unterschreiben und die Wohnung innert zwei Wochen zu verlassen. Als sie von der Arbeit heimkehrte, waren die Schränke in der Küche eingeschlagen, und auf dem Papier stand seine Unterschrift. Nachdem er ausgezogen war, folgte er ihr auf Schritt und Tritt. «Er blieb zwar im Hintergrund», sagt I.M., «doch er war immer präsent.» Irgendwann bemerkte er aber, dass sie einen neuen Freund hatte, schlug eines Abends die Wohnungstüre ein und verprügelte den Mann und seine Exfrau. Vor einer Anzeige wich I.M. zurück, «er war doch der Vater meiner Kinder». Sein Beschatten und seine Beschimpfungen aber hörten nicht auf; schliesslich informierte sie die Polizei. Ihr Exmann wurde aufs Revier geholt und vor die Wahl gestellt, seine Unterschrift unter ein Schreiben zu setzen, mit dem er sich verpflichtete, sie in Ruhe zu lassen, oder aber angezeigt zu werden. Er unterschrieb. Dann wanderte er mit einer seiner Geliebten nach Südamerika aus.

I.M.s Bedürfnis nach Geborgenheit war gross. Ihr neuer Partner aber stahl das wenige Geld, das sie verdiente, und trank. Immer häufiger griff auch sie in schwierigen Momenten zur Flasche und betäubte sich bis zur Besinnungslosigkeit. «Ich wusste nicht mehr, wofür ich leiden sollte, es tat alles weh; ich wollte nicht mehr denken und empfinden.» Erst viel später wurde ihr bewusst, dass sie in Momenten von Angst stets gegen sich handelte und nicht in der Lage war, sich zu wehren. Ein letztes solches Aufbäumen erlebte sie mit ihrem neuen Partner, einem alleinerziehenden Vater dreier Kinder. Mit ihrem 17-jährigen Sohn zog I.M. zu ihm und den beiden Kindern, die beim Vater wohnen. Bald schon war die Patchworkfamilie grossen Belastungsproben ausgesetzt. Gegenüber dem 7-jährigen Sohn und der 14-jährigen Tochter des Partners traute sich I.M. kaum etwas zu sagen. Dieses Vakuum nutzte vor allem das junge Mädchen aus. Ein Jahr hatte es allein mit Vater und Bruder gelebt und musste nun die Aufmerksamkeit mit einer andern Frau im Haushalt teilen. «Ich schluckte und schluckte, zog mich zurück, sagte fast nichts mehr, traute mich aber auch nicht, mit meinem Partner darüber zu sprechen», sagt I.M.

Erneut sank sie immer tiefer und fühlte, wie der Boden unter ihren Füssen schwand. Wieder war da die Angst, alles zu verlieren, und die Ohnmacht, sich nicht wehren zu können. Und wieder griff sie zur Flasche. Ein Absturz folgte dem andern. Nach dem letzten,

den sie als «total katastrophal» bezeichnet, waren der Ekel vor sich selbst und die Scham gegenüber ihrer Familie so gross, dass sie zu einer Freundin zog und tags darauf den Hausarzt aufsuchte. «Ich sagte ihm, so lange auf seinem Stuhl sitzen zu bleiben, bis wir einen Entschluss gefällt hätten, was zu geschehen habe.» Nachdem er ihr einen Aufenthalt in Littenheid vorgeschlagen hatte, erhob sie sich erleichtert. Als ihr beim Eintritt erklärt wurde, sie müsse sich auf zwei bis sechs Monate in der Klinik einrichten, erschrak sie allerdings sehr. Wer würde sich um die Kinder und das Zuhause kümmern? Würde sie ihre Stelle behalten können? Anfangs weinte sie häufig und fühlte sich fremd. Es sollte während des zwölfwöchigen Aufenthalts keinen Tag geben, an dem sie nicht von starkem Heimweh eingeholt wurde. «Doch ich merkte schnell, dass mir hier geholfen werden konnte.» Zum ersten Mal sei in ihr Bewusstsein gedrungen, welch anstrengende Zeiten hinter ihr lagen.

Unvergesslich ist ihr der Moment, als sie in der Ergotherapie vor einem quadratischen Stein stand und aufgefordert wurde, diesen zu bearbeiten. Was soll das bewirken, habe sie sich gefragt, habe trotz der Zweifel aber die Ärmel hochgekrempelt und die Feile zur Hand genommen. Stunden später seien ihre Finger wund gerieben gewesen und sie habe zum ersten Mal eine «gigantische Wut» ihrem Exmann gegenüber wahrgenommen. Dem Ärger folgte Trauer über den verstorbenen Vater. «Das war ungewohnt, aber gut. Vorher konnte ich Emotionen überhaupt nicht rauslassen.» Auch die folgenden Ergotherapiestunden verliess sie schweissgebadet und mit Pflastern an den Fingern. Über die Wochenenden kehrte sie meist heim. Ihr Partner fuhr jeweils 500 Kilometer, um sie nach Hause zu holen und wieder zurückzubringen. Ihm habe sie viel zu verdanken, sagt I.M., «er hat unendlich Geduld mit mir und schafft es, mein Vertrauen wieder zu wecken». Auch die Zuneigung der andern Familienmitglieder wuchs während der Wochen ihrer Abwesenheit. Im Zimmer des Sohnes ihres Partners einen Kalender an der Wand zu entdecken, auf dem der Siebenjährige den Countdown bis zu ihrer Rückkehr festhielt, berührte sie.

> *Während des Klinikaufenthalts hatte I.M. täglich starkes Heimweh.*

«Sie frass die Gedanken in sich hinein.»
Gedanken von I.M.s bester Freundin:

«I. und ich sind durch dick und dünn gegangen. Wir kennen uns seit 16 Jahren, und seit ihre Tochter und mein Sohn ein Paar sind, ist der Kontakt noch enger geworden. Wir haben eine sehr offene Freundschaft, sprechen über alles und vertrauen uns gegenseitig komplett. Ich werde nie vergessen, in welchem Zustand I. kurz vor ihrem Klinikeintritt war. Mein Sohn rief mich eines Nachmittags während meiner Arbeit an und sagte, ich müsse sofort zu ihr fahren, es gehe ihr ganz schlecht. Ich liess alles stehen und liegen. Als ich in ihr Schlafzimmer kam, war sie wie im Koma. Zuvor waren ihr wieder Gedanken gekommen, dass es nicht mehr ginge. Sie trank, bis sie nichts mehr merkte. Das war bei ihr zum Muster geworden: Wenn sie nicht mehr ein noch aus wusste, frass sie die Sorgen zuerst in sich hinein, dann griff sie zum Alkohol und spülte sie hinunter.

Die letzten zwei Wochen, bevor I. nach Littenheid kam, wohnte sie bei mir und meinem Mann. Wir dachten, die Distanz zu ihrer Familie helfe ihr, zur Ruhe zu kommen. Wir konnten sie auch wirklich wieder aufpäppeln. Sicherheitshalber schloss ich unsere Alkoholika in den zwei Wochen ein. Beim Essen stiessen wir mit Wasser an. Ich war erleichtert, als I. nach Littenheid ging, obwohl die Klinik weit weg ist. Aber wir telefonierten regelmässig und sahen uns am Wochenende, wenn sie nach Hause kam. Ich weiss nicht, was passiert wäre, wenn I. nicht nach Littenheid gegangen wäre. Es war auf jeden Fall eine Erlösung, denn wir waren mit der Situation alle total überfordert.

I. ist heute eine neue Person, die man nicht vergleichen kann mit dem Menschen, der vor einigen Monaten in die Klinik eintrat. Jetzt hat sie wieder Boden unter den Füssen. Wenn ein Problem auftaucht, sagt sie heute: ‹Wir lösen es.› Früher hatte sie bereits Stress, bevor sich eine Schwierigkeit überhaupt angekündigt hatte. Sie denkt anders, ist realistischer und viel positiver. Nur noch selten zweifelt sie an sich selbst, das betrifft dann meistens ihre Arbeitssituation. Da kann ich sie auch verstehen, denn dort heisst es immer ‹hü, hü, hü›, und das bei ganz schlechtem Lohn. Im Übrigen bin ich sicher, dass sie es schaffen wird. Mit den Kindern klappt es viel besser. Die ganze Familie geht in eine Therapie. Beim ersten Mal hat sich der Sohn ihres Partners auf den Stuhl gesetzt und als Erstes gesagt, er habe mit I. überhaupt kein Problem mehr. Das war für sie ein grosser Aufsteller.

Ich mache mir fast keine Sorgen mehr. Aber ich gerate noch immer in Panik, wenn mein Mobiltelefon klingelt. Dann denke ich automatisch: ‹Hoffentlich ist mit I. nichts passiert.›»

Ausgebrannt

Max Hauser 56-jährig

Er fühlte sich stets kerngesund, war voller Tatendrang, verpasste keinen Arbeitstag. Auf Bitten und Anfragen reagierte er praktisch immer mit einem Ja, und jede Aufgabe packte er freudvoll an. Daumendreher und Drückeberger sind ihm fremd, Macher sympathisch – und als einen solchen bezeichnet er sich selbst. Dass ausgerechnet er sich von seinem Chef sagen lassen musste, den Kopf aus der Schlinge gezogen und den Weg des geringsten Widerstands gewählt zu haben, macht ihm zu schaffen. Doch Schritt für Schritt war Max Hauser in eine kräfteraubende Mühle geraten und fühlte sich von einem Strudel in unbekannte Tiefen gezogen. Über immer grössere Strecken der Tage kämpfte er gegen eine bleierne Müdigkeit, selbst für Routinetätigkeiten musste er zunehmend mehr Zeit einplanen. Die Arbeitstage begannen immer früher und streckten sich stets mehr in die Länge. Parallel dazu verabschiedete sich jede Form von Antrieb und wurde mit dem Gefühl von Gleichgültigkeit ersetzt. Irgendwann fiel Hauser auf, dass er nur noch mit grösster Anstrengung für Ordnung in seinem Kopf sorgen konnte; Gedankenfetzen schienen ziellos umherzuschwirren. «Ich fand die Ruhe nicht mehr, Schubladen zu machen und die Gedanken einzuordnen. Die Luft war komplett draussen.»

Dieser Zustand war ihm bis dahin fremd – vielseitigen Engagements und mancher Belastung zum Trotz. Als Chef eines kantonalen Strassenunterhaltsdienstes war Max Hauser mit Ende zwanzig bereits für 150 Mitarbeiter verantwortlich; später wurde er Geschäftsführer einer Strassenbauunternehmung und Abteilungsleiter Tiefbau eines grossen Unternehmens. Er sass im Gemeinderat, amtierte als Gemeindepräsident, war Kantonsrat-Ersatzkandidat, Vizepräsident einer Regionalplanungsgruppe, Amtsvorsteher, Vorstandsmitglied des Alt-Pfadfinder-Verbands, Vorstands- und Gründungsmitglied eines regionalen Vereins für Wanderwege, Vorstandsmitglied eines kantonalen Abwasserverbands, engagierte sich in diversen Nebenämtern und hatte Einsitz in mehreren Baukommissionen. An seinem 50. Geburtstag blickte der Geniechef einer Division und Stellvertreter des Feldkommissars auf 1500 Diensttage zurück. Mitzugestalten und Mitzusprechen, waren seit je Motoren in Max Hausers Leben, und stets lag ihm viel daran, die Interessen seiner Mitmenschen wahrzunehmen. Nach Arbeitsschluss setzte er sich meist an den Handwerker-Stammtisch und tauschte sich bei einem Bier mit seinen Kollegen aus. An vier von fünf Abenden folgte darauf noch eine Sitzung oder eine andere Verpflichtung. Die Wochenenden und Ferien mit seiner Frau und den beiden Töchtern aber waren ihm heilig. So ausgefüllt sein Alltag war – nie kam er ihm als Belastung vor. «Alles, was ich tat, befriedigte mich innerlich sehr.» Bei jeder Aktivität erholte er sich von der vorangegangenen und schöpfte zugleich Kraft für die folgende.

> «Ich wünsche mir, nie mehr einen so unkontrollierten Absturz erleben zu müssen.»

Dieses ausgewogene System geriet mit seinem letzten Stellenwechsel ins Wanken. Hauser war zu einer Firma gestossen, bei der vor allem die Bilanz zählte und Menschliches im Hintergrund stand. Seine Tage begannen nun morgens um fünf Uhr, und nach zwölf Stunden im Geschäft reichten die Kräfte abends gerade noch aus, sich vor den Fernseher zu setzen und dann unzufrieden ins Bett zu sinken. Der Druck schien ständig weiter anzusteigen. «Ich war immer weniger produktiv, und meine Arbeitstage wurden immer länger.» Hauser stellte fest, dass sich seine Batterien leerten und er nichts dagegen unternehmen konnte. Seelisch und körperlich erschöpft lag er nachts oft stundenlang wach, und war er endlich eingeschlafen, musste er damit rechnen, wenig später schweissgebadet wieder zu erwachen. Ehemalige Momente der Erholung wurden zur Belastung: Zum täglichen Spaziergang mit dem Familienhund konnte er sich nunmehr ebenso wenig aufraffen wie zum Jagen, Pilzesammeln oder Kochen. Über Monate versuchte er, seine zunehmende Verzweiflung vor dem Freundeskreis zu verbergen. Als «Meister im Herunterspielen» bezeichnet er sich. «Sobald ich etwas Bier intus hatte, klopfte ich wieder Sprüche.»

Sich selbst aber konnte er mit diesen Ablenkungsmanövern auf die Dauer nicht täuschen; er wusste, dass sich seine Kräfte dem Ende zuneigten und mit ihnen auch die Lebensfreude schwand. Immer wieder beschäftigte ihn der Gedanke, seinem Leben ein Ende zu setzen; vor allem dann, wenn er sich vor Augen geführt hatte, wie stark seine Leistungen gesunken waren. «Auf mich kann man gut verzichten», sagte er manches Mal zu sich selbst und wurde durch die Haltung seines Chefs auch noch bestätigt. Mit schonungsloser Klarheit realisierte Hauser in diesen Monaten, dass der Vorgesetzte sein angeschlagenes Selbstbewusstsein zu nutzen suchte: «Je mehr ich absackte, desto stärker wurde die Position meines Chefs.»

An einem Morgen hielt Max Hauser auf dem Weg zur Arbeit plötzlich inne und sagte laut zu sich selbst: «So geht es nicht mehr, und so will ich nicht mehr.» Statt die Fahrt ins Büro fortzusetzen, schlug er den Weg zum Hausarzt, einem alten Pfadfinderkollegen, ein. «Totales Burn-out», lautete dessen Diagnose; unmissverständlich appellierte er an seinen Freund, sich stationär behandeln zu lassen. «Nun bin ich zu einem Fall für die Klinik geworden» – der Gedanke traf Hauser damals sehr. Aufgeben wollte er noch nicht. Seine Hoffnung richtete sich auf die verschriebenen Medikamente. Die folgenden Tage verbrachte er zu Hause, kam aber auch dort nicht zur Ruhe, weil ihn das Geschäft mit Telefonen bombardierte. Nachdem er sich eingestanden hatte, in gerader Linie auf den physischen und psychischen Nullpunkt zuzulaufen, griff er zum Hörer und bat seinen Freund um die Einweisung in Littenheid. «Ich hatte keinen Funken Kraft mehr, es gab keinen andern Ausweg, als alles über mich ergehen zu lassen.» Als er aber realisierte, dass ein mehrwöchiger Aufenthalt geplant war und im ärztlichen Zeugnis das Wort «mehr» vielfach unterstrichen war, habe ihn das «massiv durchgeschüttelt». Er stufte sich als Versager ein.

Seinen Zustand bei Klinikeintritt beschreibt er als «erbärmlich»: «Ich war ein Häuflein Elend, das lauter Mischmasch von sich gab.» Er fühlte sich wie in Watte gehüllt, vieles drang in den ersten Wochen nicht bis zu ihm durch. Meist lag er im Bett, er schlief viel, oft mehr als zwölf Stunden. «Ich wollte von allem nichts mehr wissen und nur noch meine Ruhe haben.» Mit der Station war vereinbart worden, nur noch Anrufe seiner Frau und eines inzwischen eingeschalteten Anwalts zu ihm durchzustellen. Die Kommunikation zum Geschäft lief nun über einen Arbeitsrechtsspezialisten. Per Einschreiben hatte Hauser von seinem Vorgesetzten die Aufforderung erhalten, sich für eine wirkliche Beurteilung seines Zustands bei einem Vertrauensarzt zu melden. «Er hatte das Gefühl, ich kneife», glaubt Hauser. Umgehend wandte er sich an einen befreundeten Anwalt. «Ich brauchte Schutz; auf keinen Fall wollte ich etwas falsch machen, was das Geschäft hätte ausnützen können.» Hauser wusste, dass er sich nicht mehr konzentrieren konnte und nicht mehr imstande war, selbst zu entscheiden.

Die Kraft dazu kehrte nach drei Wochen zurück, als es ums Aufstellen des Therapieplans ging. Nach einer Phase absoluter Ruhe sollte er an Mal-, Gestaltungs- und Musiktherapien teilnehmen. «Das alles ist aber überhaupt nicht mein Fall, das ist mir zu wenig greifbar und entspricht nicht meinem Bedürfnis.» Max Hauser setzte sich durch, vergrub sich morgens in Zeitungen und begab sich dann auf stundenlange Wanderungen. Anfangs kehrte er jeweils von Kopf bis Fuss verschwitzt zurück; an solche Anstrengungen musste sich sein Körper erst wieder gewöhnen. Die Gespräche mit der Therapeutin und die Auseinandersetzung mit seiner Gefühlswelt empfand Hauser zu Beginn als gewöhnungsbedürftig: «Das kam mir wie Seelenstriptease vor.» Heute aber weiss er, wie notwendig es war, die Tür zu seinem Inneren zu öffnen.

Als besonders heilsam empfand er die Abschottung vom Alltag und die Ruhe in Littenheid. Er schätzte es, wie auf seine Wünsche eingegangen wurde und dass er nicht zu Therapien gezwungen worden sei, die ihm nichts sagten. Neben dem gewährten Freiraum habe er den Rahmen der Klinik als wohltuend wahrgenommen. Eine grosse Stütze während des zehnwöchigen Aufenthalts waren seine Frau und seine Freunde. Nachdem sie von seinem Aufenthaltsort erfahren hatten, hätten einige entfernte Bekannte zwar den Begriff «Klapsmühle» in den Mund genommen, doch unter seinen nahen Freunden habe sich niemand abschätzig geäussert. Mit Erstaunen stellte er zeitweise fest, dass sich keiner seiner Angestellten nach ihm erkundigte – obschon er zu allen ein vertrauensvolles Verhältnis hatte. Erst gegen Ende des Klinikaufenthalts erfuhr Max Hauser, dass sein Vorgesetzter entsprechende Weisungen erlassen hatte. «Mein kooperativer Führungsstil behagte ihm nicht», erklärt Hauser. Er mutmasst, dem Geschäftsführer sei es unangenehm geworden, in die Rolle eines Schatten-Chefs gerutscht zu sein und realisieren zu müssen, dass die Mitarbeiter einen immer weiteren Bogen um ihn machten. Die Unzufriedenheit des Vorgesetzten mündete häufig in Jähzorn und verletzende Äusserungen. Hausers Littenheider Therapeutin ist der Überzeugung, dass der Mann einige seiner Mitarbeiter gemobbt habe und auch Hauser zu den Opfern zählt. Das aber schmälerte dessen Vorfreude auf den Alltag und die Arbeit nach seinem Klinikaustritt nicht. Er fühle sich psychisch wieder fast so robust wie früher, meinte Max Hauser am letzten Tag in Littenheid.

Max Hauser schätzte es, dass er in der Klinik nicht zu Therapien gezwungen wurde.

Wenige Tage später musste er das Kündigungsschreiben entgegennehmen. Seither legt er sich täglich neue Strategien zurecht, um die sechsmonatige Kündigungsfrist durchzustehen. Der Arzt hat ihm ein halbes Arbeitspensum verordnet. Hauser zweifelt daran, in dieser Zeit die lange Pendenzenliste erledigen zu können, die ihm sein Vorgesetzter zusammen mit der Kündigung überreicht hat. Er weiss, dass er auf erste Erschöpfungszeichen sofort reagieren muss, und erzählt, seit dem Klinikaustritt bereits ein paar Mal «auf die Bremse» getreten zu sein. Dann fügt er an: «Aus dem hilflosen Bündelchen, das ich vor Littenheid war, ist wieder einer geworden, der seinen Mann stehen kann.»

«Er wollte keine Schwäche zeigen.»
Gedanken des Gemeindeschreibers unter Max Hauser:

«Als Gemeindepräsident war Max mein Chef; ich verdanke ihm viel. Er ist einer, der auf die Menschen zugeht, offen und umgänglich ist, sehr wohl aber seine Meinung vertritt. Zu gesunden Zeiten hat er Dinge durchgezogen, ohne nach rechts oder links zu schauen. Im Gemeinderat führte das aber nie zu grosser Opposition. Zum Teil waren seine Ansichten ziemlich konservativ; er war in der SVP (Schweizerische Volkspartei) und ist im Militär weit oben. Gerade deshalb ist es interessant, dass er immer wieder eine spezielle Arbeitsweise pflegte. Als ich in der Rechnungsprüfungskommission sass, machten wir die Revisionen zum Beispiel bei ihm zu Hause. Er war sehr unkompliziert und erliess kaum Vorschriften; ihm war einzig wichtig, dass die Arbeit erledigt wurde. Wie sie gemacht wurde, kontrollierte er nicht. Obwohl er ein hoher Offizier ist, ist er nicht obrigkeitsgläubig. Rundschreiben oder Anweisungen vom Kanton nahm er häufig auf die leichte Schulter und handelte nach eigenem Ermessen.

In der Zeit, als er im Gemeinderat einen Nachfolger suchte, merkte man, dass er beruflich recht zu beissen hatte. Im Amt machte er nur noch das Nötigste, es blieb immer mehr liegen. Repräsentationsanlässe hat er am Ende kaum mehr wahrgenommen; er sah fast niemanden mehr, und das Networking, in dem er früher so stark war, lag auf Eis. Nachdem er sein Amt abgegeben hatte, kam er noch hie und da auf einen Schwatz vorbei. Man merkte, dass ihm das raue Klima in der Firma zu schaffen machte. Mehr als einmal sagte er, er wisse nicht, ob er in der folgenden Woche noch angestellt sei. Vieles muss an ihm genagt haben. Dann hörte ich lange nichts mehr von ihm selbst; seine Frau sagte mir später, er habe akute Probleme. Doch in vielen Beziehungen, die Max zu andern hatte, war schon seit Längerem etwas ins Wanken geraten. Ich konnte beobachten, dass sich einige von ihm distanzierten, selbst Menschen, die sich immer gerne in seiner Gesellschaft gezeigt hatten. Das muss schwer gewesen sein für ihn, weil er sich an immer weniger Personen halten konnte. Unter keinen Umständen wollte er aber Schwäche zeigen. Er gab sich grosse Mühe, damit man ihm nichts anmerkte, und es gelang ihm auch, vieles mit seiner kollegialen, fröhlichen und nonchalanten Art zu überdecken.

Gerade für einen wie ihn muss diese Erfahrung besonders schwer sein. SVP-Vertreter haben ja immer mal wieder von Scheininvaliden und Renten-Betrügern gesprochen. Doch gerade Menschen mit Burn-out haftet oft etwas Unglaubwürdiges an. Max sagte mir früher selbst einmal, dass seien doch alles Versager. In der Zwischenzeit muss für ihn eine Welt zusammengestürzt sein. Ich bin sicher, er hat eine grosse Wandlung durchgemacht und wird gegenüber Problemen anderer aufgeschlossener sein. Doch Max war nie so hart, wie es manchmal den Anschein gemacht hat. Er mag ein raues Äusseres haben, in seinem Innern aber ist er sehr sensibel.»

Masslos

Barbara 20-jährig

War die Lust zu essen übermächtig und ihr Konto leer, schlich sie ins Zimmer der Geschwister, Eltern oder der Grossmutter, öffnete deren Portemonnaies und steckte das Geld ein. Dann zog sie von Laden zu Laden. Sie verteilte die Einkäufe auf mehrere Geschäfte, weil sie mit den grossen Mengen nicht auffallen wollte. Innert Kürze hatte sie 200 Franken ausgegeben. Mit etlichen Tüten Kartoffelchips und einigen Paketen geschnittenem Fleisch kehrte sie heim, schleuste die Nahrungsmittel in ihr Zimmer, verriegelte die Tür und stillte den Heisshunger. Auf den letzten Bissen folgte der Gang ins Badezimmer. Dort erbrach Barbara alles, was sie kurz zuvor eingekauft und verschlungen hatte. Es sollte Zeiten geben, in denen ihr die Kraft, sich zu übergeben, fehlte und sie pro Tag bis zu 90 Abführtabletten schluckte. Auch dafür brauchte sie Geld – auch dafür oft mehr, als sie selbst hatte. Irgendwann konnte sie auch Mahlzeiten in üblichen Mengen nicht mehr behalten. Nach dem letzten Bissen schienen ihre Beine automatisch den Weg zur Toilette einzuschlagen. Ihr gesamter Tagesablauf war auf das Aufnehmen und wieder Loswerden von Nahrung ausgerichtet.

Es gab Phasen, in denen es ihr unerträglich war, nach dem Verzehr eines Apfels nicht umgehend einen Blick auf die Waage zu werfen. Über den Tag verteilt kontrollierte sie ihr Gewicht zeitweise ein Dutzend Mal. Gefühle wie Hunger oder Sättigung kannte ihr Körper nicht mehr. «Mein Essverhalten war vollkommen gestört, ich ass einfach, wenn ich Lust hatte, und dann immer viel zu viel.» Was und wie viel zu einem Essen gehört, hatte

Barbara verlernt. «Wichtig war nur noch, dass es grosse Mengen waren und dass ich sie alleine essen konnte.»

Tagsüber kasteite sie sich über weite Strecken. Mit leerem Magen verliess sie morgens das Elternhaus, und um nichts essen zu müssen, blieb sie während der Lehrzeit mittags stets im Betrieb. Auch um Flüssiges machte sie einen Bogen; nicht einmal Wasser gönnte sie sich, «weil das einen dicken Bauch gegeben und sich auf der Waage bemerkbar gemacht hätte». Erst im Laufe des Nachmittags meldete sich der leere Magen; die letzten Stunden im Lehrbetrieb waren mitunter fast nicht über die Runden zu bringen. Auf dem Heimweg kaufte Barbara ein oder plünderte zu Hause die Vorratsschränke. «Irgendwann war die Hemmschwelle gefallen, meine Familie wusste, dass mit mir etwas nicht mehr stimmte.» Vor den Eltern und den beiden jüngeren Geschwistern konnte sie ihr Verhalten nicht ewig verheimlichen. Ihr sonstiges Umfeld aber liess Barbara im Dunkeln – trotz der schlotternden Kleider um ihren zeitweilig 38 Kilogramm leichten und knapp 1,70 Meter langen Körper. Auf Fragen reagierte sie ausweichend, Behauptungen stritt sie ab, und beim Thema Essen erfand sie laufend neue Ausreden. Von ihren Kameradinnen kapselte sie sich immer stärker ab und verlor eine nach der andern. Mit der Zeit fiel in der Schule auf, dass Barbara die Stunden mehrfach für einen Gang auf die Toilette verliess. Und als der Lehrer während eines Klassenlagers die Mitteilung der Mutter erhielt, sie habe in Barbaras Zimmer eine Tasche mit leeren Verpackungen von Abführmitteln gefunden, muss ihm schlagartig klar geworden sein, weshalb seine Schülerin unter Dauerdurchfall litt. «Ich schämte mich in Grund und Boden», sagt Barbara.

Ihrem Körper hat sie in den letzten fünf Jahren manche Strapaze zugemutet. Die Haare fielen aus, der Zyklus wurde unterbrochen, Schwindelattacken überfielen sie, und die Überdosen an Abführmitteln lähmten die Darmtätigkeit; zeitweise funktionierte die Verdauung nur noch nach Einläufen. Über Jahre investierte Barbara einen Grossteil ihrer Aufmerksamkeit in den Abbau der Muskeln; jede Erhebung am Körper war eine zu viel. Heute rächt sich die kleinste Anstrengung mit Muskelkater. Dabei gab es Phasen, in denen sie auch am Wochenende um sechs Uhr aufstand, um vor dem Frühstück zwei Stunden auf dem Fahrrad Kalorien zu verbrennen. «Ich war oft am Ende meiner Kräfte», erinnert sie sich. Um die Tage überhaupt noch durchzustehen, ging Barbara immer früher zu Bett. Oft schlief sie um 19 Uhr bereits tief und fest. Erholung gönnte sie ihrem Körper aber auch dann nicht: Die Abführmittel weckten sie bis zu sechsmal pro Nacht und zwangen zum Gang ins Badezimmer.

«Essen bedeutet für mich Ablenkung und Trost.» Barbara sagt, dass sie sich häufig leer und allein fühle. «Ich komme mir oft total wertlos vor und bin einfach nie mit mir selbst zufrieden.» Ihren Eltern mag sie keine Schuld in die Schuhe schieben; nie habe sie sich von ihnen unter Druck gesetzt gefühlt. Das Verhältnis zu ihnen beschreibt sie als gut und ihre Kindheit als glücklich. «Meine Eltern sind ein stabiles Paar, das meinen Geschwistern und mir ein gesundes Umfeld bietet.» Grosses Vertrauen hat sie vor allem zu ihrer Mutter; doch selbst von ihr lässt sie sich nur ungern berühren. Bereits als Kleinkind wehrte sie sich, in die Arme genommen zu werden. «Im Moment einer Umarmung habe ich immer Angst, dass man mich nicht mehr loslässt; das macht mich aggressiv.» Es stört sie grundsätzlich, wenn Menschen ihr zu nahe kommen. Diese Haltung verstärkte sich im letzten Jahr nochmals zusätzlich. Nachdem Barbara schleichend zu trinken begonnen hatte, hielt sie sich ihre Mitmenschen noch stärker vom Leibe, und um keinen Verdacht aufkommen zu lassen, hüllte sie ihre Ausdünstungen stets in eine Parfümwolke. «Mir war alles zu viel geworden, ich wusste nicht mehr ein noch aus und übergoss das mit Alkohol.» Geld investierte sie nun nicht mehr nur in Nahrungsmittel, sondern auch in Schnäpse, Wodka und Whisky. Als die sinkenden Flaschenpegel der elterlichen Hausbar unübersehbar geworden waren, beschuldigte sie ihren jüngeren Bruder des heimlichen Trinkens. Doch als sich der Spirituosenbestand im Haushalt einer Tante während eines Besuchs von Barbara ebenfalls merklich verringerte, half keine Ausrede mehr. «Ich hatte ein gigantisches Problem und wusste nicht, wie ich es lösen konnte.» Ihre Eltern kontaktierten eine Suchtstelle und machten Barbara klar, dass sie ihre Lehrabschlussprüfung als Floristin nur machen könne, wenn sie das Trinken in den Griff bekomme. Obschon Barbara damals täglich eine Flasche Schnaps leerte, liess ihr Wille sie nicht im Stich. «Es kam für mich nicht in Frage, meine Ausbildung sausen zu lassen», sagt sie ein halbes Jahr später. Sie beschloss, fortan keinen Tropfen mehr zu trinken.

Tags darauf zitterte sie wie Espenlaub; bereits beim Aufstehen konnte sie Arme und Beine kaum unter Kontrolle bringen und sich nur mit grosser Anstrengung ins Geschäft schleppen. Bevor sie den ersten Strauss gebunden hatte, war er ihr etliche Male entglitten. Ihren Ausreden und Beschwichtigungen traute der Chef nicht; er hakte so lange nach, bis alle Schleusen offen waren und Barbara ihm ihre Sorgen anvertraut hatte. Dass seine Lehrtochter Hilfe benötigte, war dem Mann sofort klar; um sie zu ermutigen, erzählte er ihr von seinem eigenen Sohn, der einige Monate in Littenheid verbracht hatte. Dann schloss er seinen Laden und begleitete Barbara zu jenem Arzt, der auch seinen Sohn eingewiesen hatte. Barbara wurde krankgeschrieben. All das liess sie kommentarlos über sich ergehen. Gegen den gut gemeinten Vorschlag ihres Chefs, die Lehrabschlussprüfung um ein Jahr zu verschieben, wehrte sie sich aber: «Ich hatte genug Mist gebaut – jetzt gab es nur noch eins: durchstarten.» In ihrem Zustand hätte ihr das kaum jemand zugetraut. Der Chef aber glaubte an sie und schenkte Barbara für die Prüfungsvorbereitungen drei arbeitsfreie Monate. Einen Tag pro Woche ging sie zur Schule, an den andern lernte sie eisern die Namen und Eigenheiten von 600 Blumen auswendig. Sie mobilisierte ihre letzten Kraftreserven – und bestand die Prüfungen. Beim sogenannten Gestaltungsordner, der sich einem selbst gewählten Thema widmet und handschriftlich verfasst sein soll, musste Barbara einen Kunstgriff anwenden: Ihre Hände zitterten noch immer derart stark, dass sie keinen geraden Strich aufs Papier brachte. Sie schrieb deshalb den gesamten Text mit Bleistift vor und bat ihre Mutter, die Linien mit Tinte nachzuziehen.

Nach bestandener Prüfung brachte der Lehrmeister Barbara in Kontakt mit einer Schulpsychologin, die ihr dringend dazu riet, sich in einer Klinik betreuen zu lassen.

Barbara wusste, dass sie auf professionelle Unterstützung angewiesen war, doch damals beschlich sie das Gefühl einer hereinbrechenden Katastrophe: «Ich hatte wahnsinnig Angst vor dem, was auf mich zukam, und war sehr traurig, dass es so weit gekommen war.» Sie musste sich auf einen dreimonatigen Aufenthalt einstellen, und diesen Gedanken hielt sie kaum aus. Während der ersten beiden Wochen in Littenheid wuchs die Verzweiflung von Tag zu Tag. Der Therapieplan kam ihr zu locker vor, und das Alleinsein mit ihren Problemen ertrug sie schlecht: «Ich wurde zu sehr mit mir selbst konfrontiert», erläutert sie. Zudem galten in Littenheid neue Regeln: Unter anderem durfte Barbara keine Abführmittel mehr einnehmen, was zwar zu erholsamen Nächten führte, aber auch dazu, dass sie morgens verzweifelt ihren nicht mehr vollständig flachen Bauch betrachtete. «Ich verlor fast meinen Verstand.» Nach zwei Wochen hielt sie es nicht mehr aus und bat um ihre Entlassung.

Der Empfang zu Hause fiel weniger herzlich aus als erhofft. Barbaras Eltern erklärten sich zwar mit einer ambulanten Behandlung einverstanden, wollten aber nicht, dass ihre Tochter weiterhin bei ihnen wohnte. Fieberhaft begann Barbara, nach einer Bleibe zu suchen. Die Auswahl der Adressaten aber war begrenzt, weil ihre Eltern ihr verboten hatten, bei Verwandten anzuklopfen. Nach zwei Tagen blieb ihr keine andere Lösung, als nach Littenheid zurückzukehren. «Man kommt sich ziemlich dumm vor, wenige Stunden nach einem selbst veranlassten Austritt mit Sack und Pack wieder in die Klinik einzuziehen.» Der demütigende Schritt war zudem mit dem Ende der Beziehung zu ihrem damaligen Freund verbunden. Er hatte Barbara vor die Wahl gestellt, sich zwischen ihm und der Klinik zu entscheiden, was Barbara darauf zurückführt, dass sie ihn während der halbjährigen Freundschaft weder in ihr aussergewöhnliches Essverhalten noch ins heimliche Trinken eingeweiht hatte. «Zu lügen war extrem anstrengend, aber einfacher, als mit ihm zu sprechen», erklärt sie. Innerhalb weniger Tage gelang es dem jungen Mann aber nicht, sich an die Diagnose und die bevorstehende stationäre Behandlung seiner Freundin zu gewöhnen. Menschen in der Psychiatrie waren für ihn «total Durchgeknallte», sagt Barbara und gesteht, auch ihr eigenes Bild habe sich erst in Littenheid gewandelt.

Nach dem zweiten Eintritt realisierte Barbara, dass ihr ein Klinikaufenthalt wirklich helfen konnte. Die Hauptmahlzeiten nahm sie nun stets in der Gruppe ein, und sie notierte in einem speziellen Tagebuch, wann sie was gegessen hatte. Fakultative Zwischenmahlzeiten liess sie wenn immer möglich aus. Es war ihr untersagt, eine Waage in ihrem Zimmer zu haben, was sie als «riesige Katastrophe» empfand. Fahrrad fahren, Joggen und Skaten war ebenfalls verboten, jede Kalorie zählte. Verliess sie die Klinik, musste sie sich nach ihrer Rückkehr einem Alkohol- und Urintest unterziehen und ihre Taschen nach Abführmitteln durchsuchen lassen. «Einerseits fühlte ich mich sehr kontrolliert, andererseits war ich auch froh, dass die Klinik das so genau nahm.» Grosse Mühe aber bereitete

«Ich wünsche mir, dass ich glücklich werden kann.»

Barbaras Zimmer in Littenheid

ihr der sogenannte Anorexie-Vertrag, der festhielt, welches Gewicht sie nicht unterschreiten durfte und wie viel sie zulegen sollte. Das Papier war mehrstufig verfasst: Die erste Etappe begann bei 38 Kilogramm, die dritte endete bei 50 Kilogramm. Nach Erlangen einer jeden Kategorie bekam Barbara mehr Freiheiten zurück: Bei einem Gewicht unter 38 Kilogramm musste sie sich auf der Station aufhalten; der Gang in den Laden oder das Café auf dem Klinikgelände war ihr untersagt. Wog sie über 38 Kilogramm, konnte sie das Stationsgebäude verlassen, und ab einem Gewicht von 50 Kilogramm durfte sie die Wochenenden zu Hause verbringen. Das Unterschreiben der Abmachung fiel ihr nicht nur der Kontrolle wegen schwer, sondern auch deshalb, weil sie sich bis dahin als Ess-Brech-Patientin (Bulimie) eingeordnet hatte. Mit dem Vertrag war die Diagnose um den Begriff Magersucht (Anorexie) erweitert worden.

Nach dem Essen nicht direkt ins Badezimmer zu laufen, fällt Barbara auch nach ihrem dreimonatigen Klinikaufenthalt noch manchmal schwer. «Die Fressanfälle fehlen mir.» Ab und zu findet sie an ihrem Körper Gefallen, dann wieder würde sie ihm am liebsten aus dem Wege gehen. Ihre 50 Kilogramm fühlen sich an manchen Tagen schwer an, an andern zu leicht. Meist nimmt sie sich nun Zeit zum Essen, und zwischendurch sind auch schon Augenblicke aufgetreten, in denen sie es beinahe geniessen konnte, vor einem Teller zu sitzen und die Speisen langsam zu sich zu nehmen. In einer Berggemeinde hat sie eine Stelle als Floristin gefunden und in einem Wohnheim ein Zimmer mit Gemeinschaftsküche und Etagenbad. Keiner der Mitbewohner besitzt eine Waage, und Barbara hat sich gezwungen, ihre eigene im Elternhaus zurückzulassen.

> *Wog Barbara über 38 Kilogramm, konnte sie das Stationsgebäude verlassen.*

«Sie sieht sich durch eine andere Brille.»

Gedanken von Barbaras Mutter:

«Mein Weltbild ist in den letzten Jahren zusammengebrochen. Ich konnte mir das alles einfach nicht vorstellen, weil ich immer dachte, ich bin doch für die Kinder da! Auf solche aussergewöhnliche Situationen sind Eltern nicht vorbereitet. Ich wollte immer nur das Beste – doch das Leben kann eben auch andere Wege gehen. Zwischen Barbara und mir war es oft sehr explosiv; manchmal ertrug ich sie fast nicht mehr. Doch wir haben immer wieder versucht, neu anzufangen. Barbara wollte nie riskieren, dass wir sie nicht mehr gernhaben. Weil sie Konfrontationen fast nicht ertrug, verhielt sie sich sehr angepasst und spielte uns oft etwas vor. Sie hat bis heute noch nicht begriffen, dass wir sie lieber haben, wenn sie nicht in eine Rolle schlüpft. Barbara hat kein grosses Selbstbewusstsein, der Boden unter ihren Füssen ist schnell weg. Sie kann sehr aggressiv sein und die Haltung ‹Es ist mir alles egal› einnehmen. Nach aussen hat sie das alles nie preisgegeben; ich aber merkte schon früh, dass vieles nicht mehr stimmte. Am Tisch gab sie sich zwar Mühe, aber vor uns konnte sie ihre Sucht auf die Dauer nicht verstecken. In einer Familie bekommt man das einfach mit. Manchmal wurde ich wütend und erklärte ihr, ich hätte keine Lust, für sie zu kochen, wenn sie alles wieder erbreche.

Meine grösste Sorge in all der Zeit war, dass Barbaras Organe wegen der grossen Mengen an Abführmittel und Alkohol versagen könnten – sie hat ihrem Körper fast Unmenschliches zugemutet – oder dass sie sich selbst ein Leid antun würde. Heute glaube ich, dass sie leben will. Aber eben: Sie kann andern sehr gut etwas vormachen. Ich kann ihre Worte nicht mehr für bare Münze nehmen. Das Brutalste am Ganzen ist, dass das Vertrauen verloren geht. Um mich zu informieren, habe ich einiges über Barbaras Problematik gelesen. Ihre Wahrnehmung scheint mir gestört zu sein. Sie sieht sich durch eine andere Brille.

Ich selbst holte mir keine Hilfe, da ich gut mit meinem Mann reden konnte. Am Ende von Barbaras Lehre war aber der Punkt erreicht, an dem wir beide nicht mehr konnten. Uns wurde klar, dass wir uns nicht mehr zuständig fühlen durften. Deshalb war der Klinikaufenthalt eine grosse Erleichterung. Ich musste für einige Monate nicht mehr hinschauen und mir Ausreden anhören. Obwohl sich Barbara in Littenheid viele Gedanken über sich selbst gemacht hat, habe ich immer noch Angst, dass sie wieder in ihre alten Muster zurückfällt. Auch mein Vertrauen in ihre Ehrlichkeit ist nach wie vor erschüttert. Heute aber denke ich: ‹Es ist jetzt dein Bier.› Ich werde mich nicht mehr einschalten, der Ball liegt jetzt bei ihr. Seit ich so denke, geht es uns allen besser, auch unseren andern beiden Kindern, die zeitweise sehr gelitten haben.

Wir alle haben durch Barbara viel gelernt. Dank dieser Erfahrung würde ich heute sicher einiges anders machen. Doch damals, als Barbara noch kleiner war, handelte ich so, wie ich glaubte, es sei richtig. Da ich sehr ängstlich bin, habe ich sie vermutlich stärker behütet und kontrolliert, als für sie gut war. Vielleicht hat sie deshalb gesagt: ‹Mit meinem Körper mache ich, was ich will.›»

Angsterfüllt

James 43-jährig

Bevor er aufstand, lief in seinem Kopf das gesamte Tagesprogramm ab: in welche Kleider er nach dem Duschen schlüpfen würde, was es zum Frühstück geben sollte, welche Kundenbesuche in der Agenda standen, worüber er mit den Klienten sprechen und welche Stücke er abends auf der Gitarre üben wollte. Auf seinem Schreibtisch lagen die Stifte parallel zueinander, und die Tauenden auf dem Segelboot liess er nicht unordentlich liegen, sondern rollte sie zu Schnecken auf. «Agieren ist mir lieber als reagieren», sagt James. «Unbewusste Spontaneität» zählt er nicht zu seinen Stärken, wohl aber «bewusste Spontaneität». Er bezeichnet sich als «extremen Perfektionisten» und betont, wie wichtig Übersicht und Ordnung für ihn sei. Immer wieder beruhigte ihn der Gedanke, dass seine Frau alles aufgeräumt vorfinden würde, sollte ihm etwas geschehen.

Die Angst, sein ganzes Leben aufgeben zu müssen und alles zu verlieren, überkam ihn in den letzten Monaten mehrfach; sie versetzte ihn in helle Panik und erzeugte Empfindungen, die er «Sterbensgefühle» nennt. Bemerkbar machten sie sich zum ersten Mal während eines Wellnesswochenendes, mit dem ihn seine Frau zum Hochzeitstag überraschte. Nach dem festlichen Abendessen begann der Boden unter seinen Füssen zu schwanken, die Luftröhre schien sich zu verengen, das Herz raste, und der Blick endete in einem Tunnel. Innert Sekunden hatte James die Kontrolle über seinen Körper verloren. Nach einer halben Stunde war der Spuk vorbei. Während der kommenden acht Monate ging das Leben seinen gewohnten Gang. Eines Abends aber, kurz vor dem Einschlafen,

James: «Ich dachte, jetzt kannst du zuschauen, wie dein Leben vor die Hunde geht.»

verkrampfte sich James' Körper zu einem Brett, das Herz schlug wie wild, und Wellen von Schüttelfrost durchdrangen ihn. Es war, als ob sich alle Fasern seines Körpers den Befehlen des Gehirns widersetzt hätten – «ein absoluter Horrorzustand». Das Wasser sei ihm nicht am Hals, sondern über dem Kopf gestanden, und das Gefühl zu ertrinken, habe sich von Sekunde zu Sekunde verstärkt. Er schnappte nach Luft, kam ins Hyperventilieren, worauf eine Armee von Ameisen durch seinen Körper zu krabbeln schien. Pausenlos schossen ihm Gedanken durch den Kopf, etwa jener an einen Kollegen, der kurz zuvor an einem Herzstillstand gestorben war. «Ich war mir sicher, dass es bei mir auch so weit war», sagt James. Er bat seine Frau, ihn ins Spital zu bringen, wo er über Stunden befragt und untersucht wurde. Morgens um vier Uhr machte sich das Paar mit Beruhigungstabletten in der Tasche wieder auf den Heimweg.

Drei Tage später folgte die nächste Panikattacke. Nach einer anstrengenden Sitzung wurde James auf dem Weg ins Restaurant klar: «Das kommt nicht gut.» Er bestellte sein Essen, musste den Tisch kurz darauf aber verlassen. Im Auto hielt er sich eine Plastiktüte vors Gesicht, weil er merkte, dass er erneut ins Hyperventilieren verfallen war. Inzwischen wusste er, dass sich das Sauerstoff-Kohlenstoff-Gleichgewicht im Blut durch die Rückatmung der verbrauchten Luft normalisiert. Mit Hilfe eines Arbeitskollegen schaffte er den Gang auf die Notfallstation, wo ihn ratlos wirkende Ärzte erneut zu beruhigen versuchten. Auch dieser Zwischenfall war so schnell vorbei, wie er aufgetaucht war. Der Schwindel aber sollte sein ständiger Begleiter bleiben, ihn zur Verzweiflung treiben und die Ärzte in Sackgassen führen. Während des monatelangen Untersuchungsmarathons blieb kein Bereich unbeleuchtet: Herz, Hals, Nasen, Ohren, Blutbahnen, Bauch, Nerven – jede Körperpartie wurde näher angeschaut. Die Rätsel blieben ungelöst. Umso vielseitiger waren die Behandlungsversuche: Sie reichten von Beruhigungsmitteln bis zu Psychopharmaka bei Psychosen. «Das Leben wurde lustlos mit den Medikamenten», sagt James. «Meine Gefühle verschwanden, es ging alles durch mich hindurch, auch körperliche Reize.»

Der vorerst letzte Zusammenbruch liess nicht lange auf sich warten. Im Vergleich zu den ersten drei Attacken äusserte sich diese aber weniger in körperlichen denn in geistigen Symptomen. James war im Auto unterwegs, mehrere Kundenbesuche standen an, als die Welt mit einem Mal erneut zusammenzustürzen schien. Er lenkte den Wagen an den Strassenrand und drehte den Zündschlüssel um. Sein Telefon aber konnte er nicht mehr bedienen; weder gehorchten ihm die Finger beim Tippen der Nummer, noch bündelten seine Lippen Buchstaben zu Worten. Und doch zwang er sich, seine Kunden nicht warten zu lassen. Wie er diese Treffen überstanden hat, kann er sich im Nachhinein nicht

> *«Ich wünsche mir seelische Gesundheit. Nur wer seelisch gesund ist, kann sich entfalten und hat ein gutes Selbstwertgefühl.»*

erklären, und kaum zurück im Auto, kündigte sich der nächste Angstschub an. Auch dieses Mal drangen ohne Unterbruch Tränen aus seinen Augen und bohrte sich vor allem ein Gedanke in sein Bewusstsein: «Ich schaffe das nicht mehr.» James hatte das Gefühl, alles zu verlieren, was er in seinem Leben aufgebaut hatte. «Ich dachte, jetzt kannst du zuschauen, wie dein Leben vor die Hunde geht.» Die Angst frass seine Kräfte auf und stahl ihm den letzten klaren Gedanken. «Es kam mir vor, als ob alles durch meine Hände glitte, die total seifig waren.»

James hatte die Kontrolle über sein Leben verloren. Der Zustand kam ihm fremd vor, war in den vergangenen 20 Jahren doch vieles wie am Schnürchen gelaufen. «Was mich interessierte, saugte ich zu 100 Prozent auf, dann gab es nur noch das.» Er strengte sich an und erreichte viel; der Wunsch nach Anerkennung aber wurde zur Sucht. Rückblickend beschreibt er sich als «karrieregeil»: «Mir war ganz wichtig, was auf meiner Visitenkarte stand.» Nach einer Lehre als Automechaniker und der Handelsschule hatte James etliche Weiterbildungen absolviert; seine Arbeitstage dehnten sich oft über 15 Stunden aus. Im Alter von 26 Jahren stand er an einem Punkt, auf den andere ein Leben lang hinarbeiten. Er verdiente viel, hatte aber bald schon die Musse verloren, das Geld auszugeben. Mit 28 realisierte er, dass das Leben an ihm vorbeizuziehen drohte. Er kündigte, kaufte ein Motorrad, baute Modellflugzeuge und liess sich einen Bart wachsen. Zwei Monate verbrachte er mit der Verwirklichung seiner Träume, dann juckte es ihn erneut in den Fingerspitzen. Er bewarb sich auf ein Zeitungsinserat, bekam den Job und widmet sich seither wieder unermüdlich der Arbeit – und der Familie. Er hing an der Mutter und am verstorbenen Stiefvater, den er vom ersten Tag an verehrte. «Er war der Papa, den man sich als Kind wünscht; ein wunderbarer Mensch, der für uns alles tat.» Von ihm habe er gelernt, wie man sich um geliebte Menschen kümmert und was Partnerschaft bedeuten kann.

Nicht nur zu Hause und im Beruf schien über weite Strecken alles perfekt; James hatte auch ein Hobby gefunden, das ihn bis heute sehr erfüllt: Er spielt leidenschaftlich gern Gitarre. Zu gewissen Zeiten war er nebeneinander Mitglied von vier Bands. Nach der Arbeit tauschte er den Aktenkoffer häufig mit dem Gitarrenkoffer und machte sich zu einer seiner vielen Proben auf. Daheim aber zog er sich immer häufiger in sein Musikstudio zurück. «Ich grub mich in meiner Ecke ein und wurde ungern gestört – auch von meiner Frau nicht.» Zunehmend wurde er zum einsamen Kameraden seiner Gedanken. Heute weiss er: «Ich habe mir mein Grab – diese Isolation – selbst geschaufelt.»

Nach dem letzten Zusammenbruch begann James, sich über Angst- und Panikstörungen zu informieren, und realisierte, dass Beschreibungen wie etwa der Verweis auf übersensible Sinnesorgane eins zu eins auf ihn zutrafen. «Ich war oft auf 200 Prozent und kam von da nicht mehr runter.» Auch wurde ihm bewusst, dass Erinnerungen an den Tod des Stiefvaters wieder ins Zentrum seiner Gedanken rückten. Fragen zu Vergänglichkeit und seinem eigenen Tod besetzten ihn zunehmend. Zuckte es in seinem Körper, ging ihm der Begriff «Herzinfarkt» durch den Kopf. Fortan hatte er stets eine kleine Apotheke mit Schmerz- und Beruhigungsmitteln bei sich.

In jenen Tagen beschloss der Hausarzt, James in eine psychiatrische Klinik einzuweisen. Dort aber fühlte sich James nicht richtig umsorgt. Er war sehr erleichtert, als ihm nach einem Besuch in Littenheid mitgeteilt wurde, dass ein Platz für ihn frei sei. Dennoch fiel ihm zu Beginn die Decke auf den Kopf. Auch hier hörten die Gedanken zeitweise nicht auf zu kreisen und endeten in der Angst, alles zu verlieren: seine Frau, Kollegen, den Job, sein Ansehen – alles. Dazu kam die Panik, nie mehr gesund zu werden und den Schwindel immer an seiner Seite zu wissen. «Ich wollte doch nicht meine ganze Lebensgeschichte an den Nagel hängen.» Als er realisierte, wie schnell die Zeit in Littenheid verflog, wurde der Druck fast unerträglich. Eigentlich war ein Aufenthalt von vier Wochen geplant gewesen. Am Ende der ersten Woche merkte er aber, dass die Zeit nicht reichen würde. «Ich fühlte mich wie ein Fass kurz vor dem Überlaufen und gefüllt mit Zeitbomben.» Er habe sich aufs Bett gesetzt, die Brille ausgezogen und geweint. Es blieb ihm nichts anderes, als sich einzugestehen, dass aus den geplanten vier Wochen mindestens acht werden würden. «Seelische Genesung kann man eben nicht mit dem Erreichen eines Budgets vergleichen.» Unumwunden teilte er dem Geschäft mit, dass seine Auszeit länger dauern würde, als anfänglich gedacht. Überrascht habe das niemanden, sagt James, sein Chef habe den Entscheid sogar unterstützt.

> *James hat sich vorgenommen, mehr Chaos in seinem Leben zuzulassen.*

Zwei Monate später, Ende Oktober, war es ihm wichtig, seine Arbeit so schnell wie möglich wieder aufzunehmen und den Kunden persönlich schöne Weihnachten zu wünschen. Sein Pensum lag zu Beginn bei 50 Prozent, und in den ersten zwei Wochen kehrte er für die Nacht in die Klinik zurück. Zum Jahreswechsel aber wollte er wieder vollständig einsatzfähig sein. Kurz vor seinem Austritt sprach James von einem «guten Rucksack», mit dem er Littenheid verlasse. Er stehe inzwischen meistens über der Sache, wisse aber, dass seine Haut nach wie vor dünn sei und er sich nicht überfordern dürfe. Er betonte, alles daran setzen zu wollen, einen klaren Kopf zu bewahren, seine Gedanken zu sortieren, sie vermehrt zu äussern oder aufs Papier zu bringen. Und sollten sie sich erneut verselbstständigen, werde er eines der in Littenheid erlernten Hilfsmittel anwenden: etwa auf einem scharfen Bonbon kauen oder auf eine bewusst nicht wertende Weise Gegenstände aufzählen. Etwas mehr Chaos in seinem Leben zuzulassen, hat er sich ebenfalls vorgenommen – und vielleicht auch einmal «unbewusst spontan» zu sein.

Drei Monate nach Littenheid verlor James seine Stelle. «Ich bekam nach meinem Time-out keine Chance mehr, mich zu integrieren, und wurde zum Statisten degradiert.» Mit der Begründung des Chefs, der Aussendienst erfordere «topfitte Mitarbeiter», wurde James in den Innendienst versetzt. Seither verdient er deutlich weniger und muss auf die langjährige Freiheit verzichten, den Tag nach eigenem Ermessen einteilen und Entscheide selbstständig fällen zu können. «Ich muss meine Erwartungen stark zurückschrauben und verfolge jetzt nur noch ein Ziel: gesund zu werden – koste es, was es wolle.»

James' Zimmer in Littenheid

«Alleine hätten wir das nicht geschafft.»
Gedanken von James' Frau:

«Die Krisen meines Mannes sind mir ein Rätsel. Zwischen uns beiden stimmt es, daran kann es nicht liegen. Und auch im Geschäft lief bei ihm alles problemlos. Er war abends oft vor mir zu Hause; ich wäre nie auf die Idee gekommen, dass er Stress hat. In den Monaten vor den Krisen fiel mir auf, dass er sich freute, wenn ich heimkam, sich dann aber mit seiner Musik und dem Computer zurückzog. Wir lebten eher nebeneinander. Auch blockte er häufig ab, wenn ich vorschlug, mit Freunden etwas zu unternehmen oder noch auszugehen. Wir haben keine Kinder; manchmal dachte ich, wenn er so weitermacht, werden wir irgendwann sehr einsam sein.

Bei der ersten Schwindelattacke sagte ich mir, das kann es ja mal geben. Als der Schwindel ein zweites Mal auftrat, kam mir das alles etwas theatralisch vor, doch eigentlich ist mein Mann nicht wehleidig. Er bekam ganz nasse Hände, ihm war abwechselnd heiss und kalt, er atmete komisch, und plötzlich ging mir durch den Kopf: Herzinfarkt! Doch auch nach mehreren Arztbesuchen blieben viele Fragezeichen. Irgendwann dachte ich mir, dass das psychisch bedingt sei. Aber dass es so ausarten würde, hätte ich mir nie vorstellen können. Vielleicht war der Tod des Stiefvaters meines Mannes ein Auslöser für seine Krisen. Damals sah ich ihn zum ersten Mal weinen. Einen bestimmten Stern am Himmel nennt mein Mann seither ‹Papi-Stern›. Früher hat er nie geweint. Während der schlimmen Phasen aber reichte es manchmal nur schon, mich zu sehen, um in Tränen auszubrechen. Daran musste ich mich gewöhnen. Bisher dachte ich immer: Männer weinen nicht, sie sind Felsen in der Brandung. In den schlimmen Phasen war er auch viel anhänglicher als sonst. Das wurde mir manchmal fast zu viel.

Es kam ein Punkt, an dem klar wurde: So geht es nicht mehr, mein Mann braucht Hilfe. Er konnte nicht mehr allein sein. Ich bin froh, dass er sich helfen lassen wollte. Er ist sehr offen und schämt sich nicht, in einer Klinik gewesen zu sein. Ich weiss, alleine hätten wir das nicht geschafft. In den ersten Wochen besuchte ich ihn jeden Tag. Doch mein Leben musste irgendwie weitergehen. Das war nicht einfach; wenn ich ihn einen Tag nicht besuchte, hatte ich ein schlechtes Gewissen. In der Klinik war er am Anfang sehr traurig. Seine grösste Angst war, alles um sich herum zu verlieren – auch mich. Dabei stehe ich ihm so sehr bei und habe keinen Moment an ihm gezweifelt. Es ist schön zu merken, dass uns diese Geschichte noch mehr zusammengeschweisst hat. Wir sind noch intensiver füreinander da und reden auch wieder mehr miteinander. Die Lebensgeister meines Mannes sind zurückgekehrt, er kommt mehr aus sich heraus und wirkt weniger angespannt. Er kann jetzt auch viel besser schimpfen und laut werden, das konnte er vorher nicht. Auch hat er jetzt öfters das Verlangen, sich an der frischen Luft zu bewegen. Je schlechter es ihm geht, desto grössere Anstrengungen sucht er. Ich freue mich sehr, wenn mein Mann wieder zu Hause lebt. Bald kommt der erste Sonntag, an dem er abends nicht nach Littenheid zurück muss. Den werden wir feiern.»

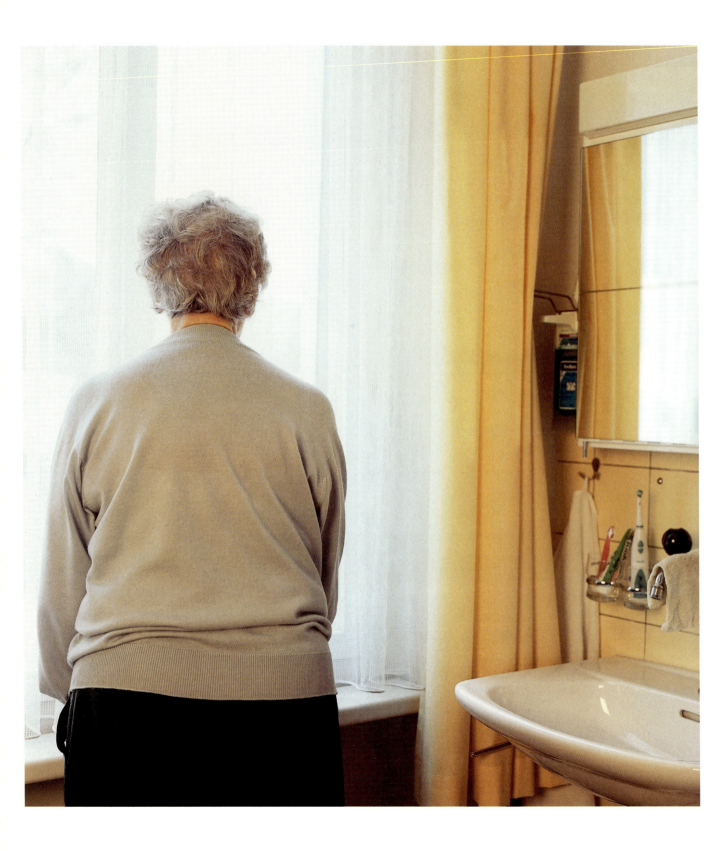

Durcheinander

I.R. 84-jährig

Manchmal fand sie nach dem Einkaufen das Auto nicht mehr. Ahnungslos stand sie auf dem weitläufigen Parkareal und wusste nicht, in welche Richtung sie laufen sollte. An die Suchaktionen gewöhnte sie sich ebenso wie daran, dass ihr Namen nicht mehr in den Sinn kamen oder sie mitunter nicht auf Anhieb wusste, wo der angestammte Platz gewisser Gegenstände in der Küche war. Doch erst an jenem Sommertag vor zwei Jahren, an dem sie nicht mehr nach Hause fand, wurde ihr bewusst, dass mit ihrem Gedächtnis etwas nicht mehr stimmte. Verschwitzt irrte sie im Dorf umher, dessen Strassen und Häuser ihre eigentlich so vertraut waren. Doch an diesem Tag wollte ihr beim besten Willen nicht mehr einfallen, wo ihr Zuhause lag. In ihrer Not wandte sie sich an einen Fremden, auf dessen Frage nach der Adresse sie aber eine alte nannte. Die aktuelle war ebenso aus ihrem Kopf verschwunden wie der Orientierungssinn. Erst auf der Gemeindeverwaltung erfuhr der Herr, wo I.R. zu Hause war, und begleitete sie heim. Sie war froh, wieder in den eigenen vier Wänden zu sein, und für die fremde Hilfe dankbar. Zugleich aber war ihr die Situation peinlich. «Es war schlicht und einfach entsetzlich», empört sie sich zwei Jahre später. Dieser Tag hat sich in ihrer Wahrnehmung als Schnittpunkt eingegraben. «Bis dahin war es recht klar in meinem Kopf.» Seither sei vieles durcheinandergeraten.

Die gebürtige Deutsche I.R. war nach dem Zweiten Weltkrieg in die Schweiz zu einer Grosstante gezogen. Ihr Elternhaus war ausgebombt, die Geschwister lebten nicht mehr. I.R. arbeitete im Laden der Grosstante und versorgte deren Haushalt. Bald lernte sie einen jungen Mann kennen, der ihr auf Anhieb gefiel; seit über fünfzig Jahren sind die beiden verheiratet und haben jahrzehntelang im selben Betrieb gearbeitet. Nach dem Tod des Vaters zog I.R.s Mutter ebenfalls in die Schweiz und in den Haushalt ihrer Tochter ein. Für deren Mann war das nicht immer leicht. Ein halbes Jahrhundert später ruft er sich die «starke, überaus dominante Art» seiner Schwiegermutter in Erinnerung; dem Hausfrieden zuliebe habe er manchmal fliehen müssen. Trotz der Spannungen, die das Zusammenleben immer wieder überschatteten, sagt I.R.: «Mein Mann hat ein gutes, weiches Herz; er hat es immer gut gemeint. Ich würde ihn sofort wieder heiraten.»

Dabei wurde die Ehe in letzter Zeit erneut starken Belastungsproben ausgesetzt, die aus der Wahrnehmung beider Seiten verletzend sind. I.R. verlor zunehmend das Vertrauen in ihren Mann und begann zu glauben, er gehe fremd. «Es hat bei mir einen Knacks gegeben, ich traue meinem Mann einfach nicht mehr ganz. Manchmal sehe ich, dass er mitten in der Nacht aufsteht. Bevor er geht, bringt er immer noch den Haushalt in Ordnung. Dann schliesst er hinter sich die Tür ab.» Er sagt: «Seit Monaten verdächtigt sie mich.» Sie entgegnet: «Ja, weil er immer weggeht und mich alleine zurücklässt.» Er beschwichtigt: «Das meint sie nur. Ich bin immer bei ihr.» Sie erklärt: «Da sind wir einfach nicht gleicher Meinung.» Später fügt sie hinzu: «Ich war schon immer eine Zweiflerin.»

Die Angst, ihren Mann zu verlieren, muss I.R. über Jahrzehnte begleitet haben. Wenn er ihr und ihrer Mutter, auf deren Seite sie in Diskussionen meistens stand, aus dem Weg gegangen war, fürchtete sie manches Mal, dass er nicht mehr zurückkomme. Schon früher habe sie sich in Dinge hineingesteigert und verzweifelt sowie abweisend reagiert, sagt ihr Mann. Dass sie sich als junge Frau mehreren Unterleibsoperationen unterziehen und auf eigene Kinder verzichten musste, belastete die Beziehung. Und als ihr eines bösartigen Geschwürs wegen eine Brust entfernt werden musste, wurde ihr Selbstvertrauen ein weiteres Mal erschüttert. Ihr Mann erzählt, dass sie sich kontinuierlich zurückgezogen habe. Nach der Pensionierung und dem Umzug in seinen früheren Heimatort habe sie sich nie mehr richtig zu Hause gefühlt. Sie mied jeden Kontakt nach aussen, und der immer stärker schmerzende Rücken führte dazu, dass sie kaum mehr einen Fuss vor die Tür setzte. Ihr um fünf Jahre jüngerer Mann dagegen ging gerne turnen und spazieren, traf sich regelmässig mit Freunden zum Kartenspiel und lernte mit Kollegen kochen. Neben der Arbeit im eigenen Garten kümmerte er sich zudem um die Beete einiger Nachbarsfrauen. I.R.s Eifersucht wuchs; immer häufiger beschuldigte sie ihren Mann des Fremdgehens.

Vermutungen, die sich in ihrem Kopf über Monate festsetzten und für sie allmählich zur Gewissheit wurden, liessen sich nicht leicht korrigieren. Immer häufiger äusserte sich ihre hilflose Verzweiflung in Zornausbrüchen, ausgelöst durch ihre unverrückbaren Annahmen. Zu Beginn fiel es ihrem Mann schwer, ruhig zu reagieren, und es kam vor, dass er seiner Empörung freien Lauf liess. Die Reaktionen beider waren manchmal sehr heftig und zum Teil unberechenbar. Schritt für Schritt musste er lernen, mit ihren neuen Wesenszügen zurechtzukommen und ihre Verhaltensänderungen nicht zu nahe an sich herankommen zu lassen. War seine Frau ausser sich, gelang es ihm immer häufiger, seine

Arme um sie zu schliessen oder für eine Weile die Wohnung zu verlassen, bis sie wieder zur Ruhe gefunden hatte. Nach dem Aufwachen rief sie nun oft nach ihrer längst verstorbenen Mutter. Erklärte er ihr geduldig, dass sie nicht mehr da sei, ging sie davon aus, dass er sich mit der Mutter gegen sie verschworen habe, und wurde zornig. Mit der Zeit entdeckte er, dass seine Frau schneller zu beruhigen war, wenn er sie aufforderte, selbst nach der Mutter zu suchen. Hatte sie jedes Zimmer der Wohnung erfolglos durchschritten, fand sie zu ihrer Fassung zurück. Vereinzelt traten auch Verkennungssituationen auf, wobei sie verzweifelt nach ihrem Mann suchte, obwohl er ihr gegenüberstand. Sie fragte laut, wo er – ihr Gatte – wohl sei. Das Gefühl, alleine zu sein, war für sie prägend und führte trotz der Unterstützung ihres Mannes zu vielen hilflosen Suchaktionen.

Es kam der Moment, in dem er mit ihren Wutausbrüchen und Unterstellungen, sie nachts zu verlassen, nicht mehr fertig wurde. Gemeinsam suchte das Paar den Hausarzt auf, der I.R. umgehend in Littenheid anmeldete. Am Tag des Eintritts sei sie «anstandslos» ins Auto gestiegen, um sich in die Klinik fahren zu lassen, berichtet ihr Mann. «Es war ihr bewusst, dass sie Hilfe brauchte.» Doch als sie realisiert hatte, auf einer geschlossenen Station untergebracht zu sein, kamen Verzweiflung und Trauer auf. Verschlossene Pforten war sie sich von zu Hause nicht gewohnt. Sie verfügte selbst über einen Schlüssel, und wegzulaufen war ihr nie in den Sinn gekommen. Auf der Abteilung für Demenzkranke aber war sie zusammen mit Patienten, die sich teilweise an gar nichts mehr erinnern und kaum mehr sprechen konnten. Ihnen widmete sie sich trotz ihrer eigenen Sorgen vom ersten Tag an mit besonderer Fürsorge. Geduldig hörte sie zu, beantwortete immer wieder dieselben Fragen oder hielt die Hand der Verwirrten behutsam in der ihren. «Sie weiss, dass sie selbst irgendwann am selben Punkt ankommen wird», sagt ihr Mann.

«Ich wünsche mir Ordnung in meinem Kopf.»

Nach dem ersten Monat ihres Aufenthaltes resümiert sie: «Ich musste bisher fast keine schlechten Erfahrungen machen.» Versorgung und vor allem Verpflegung bezeichnet sie als «einwandfrei». Sie erzählt, wie die Pflegeverantwortlichen jeden Tag etwas anderes mit den Patienten unternehmen: Auf dem Programm stehen Singen, Backen, Basteln oder Kochen, und dazwischen wird mit Übungen das Gedächtnis trainiert. So lästig I.R. diese findet, so notwendig sind sie. Etliche Male stand sie im Zimmer von Mitpatienten, weil sie die Orientierung verloren hatte. Erst nachdem ihr Name in grossen Buchstaben auf der Tür stand, fand sie sich wieder zurecht. «Ich vergesse einfach unheimlich viel. Die Medikamente, die ich nehmen muss, helfen ein bisschen; aber sie bringen meinen normalen Zustand nicht zurück. Mein Kopf hat schwer, schwer nachgelassen.»

Betrachtet sie Fotos von früher, funktioniert ihr Gedächtnis perfekt. An kleinste Details vermag sie sich zu erinnern, ihre Erzählungen sind flüssig und voller Schwung. Ins Stocken gerät sie bei Begebenheiten, die sich einige Stunden oder Tage zuvor ereignet haben. Verdutzt betrachtet sie etwa den etwas unordentlich gepackten Koffer auf ihrem

Bett. Während ihres siebenwöchigen Aufenthalts hat sie immer wieder Kleider aus dem Schrank geholt, sie notdürftig zusammengefaltet und in den Koffer gelegt. «Sie wollte nach Hause», sagt ihr Mann. Obwohl sie mit der stationsinternen Telefonkarte nicht gut zurecht kam, schaffte sie es mehrfach, ihn abends anzurufen; dann bat sie eindringlich darum, abgeholt zu werden. Immer wieder erklärte er ihr, dass das nicht möglich sei, weil seine Augen das Fahren im Dunkeln nicht mehr erlaubten, und versprach, sie am nächsten Morgen wieder zu besuchen. Jeden Tag fuhr er nach Littenheid. Strahlend nahm sie ihn jeweils hinter der verschlossenen Glastür in Empfang. Wenige Stunden später wusste sie häufig nicht mehr, dass er bei ihr gewesen war. Er ist sich aber sicher, dass sie sein Fernbleiben stark empfinden würde. «Die Situation ist ganz bitter, ich leide sehr», sagt sie selbst, «doch solange mein Mann an meiner Seite ist, geht es.»

Nach knapp zwei Monaten in der Klinik lag der gepackte Koffer erneut auf ihrem Bett. Dann erklärte sie: «Ich muss nach Hause, sonst gehe ich ein wie eine Primel.» Nach Rücksprache mit dem Arzt holte ihr Mann sie ab. Sie ist dankbar, für eine Weile wieder in ihrer gewohnten Umgebung zu sein. Nur noch einen Tag in der Woche verbringt sie in Littenheid. Inzwischen macht sich auch die Wirkung verschiedener Beruhigungsmittel bemerkbar, und seit sie wieder daheim ist, geht sie nicht mehr davon aus, dass ihr Mann sie nachts verlässt. «Jetzt ist er immer bei mir, und ich kann besser schlafen.»

In der Fünfzimmerwohnung findet sie sich nach wie vor relativ gut zurecht. «Ich lasse sie machen, was noch möglich ist», sagt ihr Mann. Die meisten Handgriffe dauern etwas länger, weil sie sich überlegen muss, wo die Dinge zu finden sind. Die bewährte Arbeitsteilung hat das Paar beibehalten: Er rüstet das Gemüse, sie kocht; sie rückt dem Schmutz mit einem Lappen zu Leibe, er mit dem Staubsauger; er spült das Geschirr, sie trocknet ab. Hilfe ihres Mannes anzunehmen, fällt I.R. noch immer nicht leicht. Häufig läuft sie einige Male hin und her, bevor sie das Geschirr versorgt und versucht, anhand der Reaktionen ihres Mannes abzulesen, wo die Gegenstände hingehören. Erleichtert beobachtet er, dass sie nach dem Kochen nicht nur den Herd abstellt, sondern auch den eingebauten Sicherheitsschalter betätigt. Jenseits der Wohnungstür macht sie keinen Schritt mehr ohne ihn. Für Tätigkeiten ausser Haus nimmt er sie mit, um jedes Gefühl des Verlassenseins zu vermeiden. «Manchmal wünsche ich mir, mehr Zeit für mich zu haben», sagt er. Er ist sich bewusst, dass seine Frau Widerspruch oder Korrekturen kaum erträgt. «Dann wird sie emotional und laut.» Dabei weiss sie, dass sie ohne ihren Mann hilflos wäre. Sie sagt: «Jetzt ist er ganz der Mann im Haus. Ich bin gesundheitlich etwas abgestürzt, da ist es gut, dass er mich führt. Sonst mache ich Blödsinn. Ohne meinen Mann wäre ich verloren. Ich merke aber auch, dass er vieles überbrückt und wegsteckt, und ich weiss, dass er viel nachgibt. Deshalb ist es ganz wunderbar, dass er mir keine Vorwürfe macht.»

> *Jenseits der Wohnungstüre macht I.R. keinen Schritt mehr ohne ihren Mann.*

«Sie realisiert, dass nicht mehr alles stimmt.»
Gedanken von I.R.s bester Freundin:

«Seit einigen Jahren reagiert I. häufig anders, als ich mir das bei ihr eigentlich gewohnt war. Ihr Interesse und ihre Merkfähigkeit sind stark zurückgegangen, und auch in ihrer Art ist sie nicht mehr die Gleiche. Wenn wir zum Beispiel verabredet sind und ich ein bisschen zu spät komme, kann sie unwirsch reagieren und aggressiv werden. Danach tut ihr das immer sehr leid. Es kommt auch vor, dass sie mir in einer etwas apathischen Art immer wieder dieselbe Begebenheit erzählt. Oder sie kommt immer wieder auf dieselbe Situation zurück, aber mit immer wieder neu involvierten Personen. Wenn man dann nachfragt, weil man selbst etwas verwirrt ist, reagiert sie ungeduldig. An ihrer angespannten Haltung merke ich, dass sie realisiert, dass nicht mehr alles stimmt. Am meisten hilft ihr, wenn man geduldig und liebevoll zu ihr ist.

I. war schon immer ein sehr gradliniger, zielstrebiger Mensch, der manchmal so ehrlich und direkt ist, dass es verletzend wirken kann. Dafür weiss man bei ihr immer, woran man ist. Widerspruch aber erträgt sie nicht so gut. Dann wird sie hart und beharrt auf ihrer Position. Fehler sucht sie selten bei sich, sondern meistens bei den andern. Wenn sie etwas durcheinander ist und man nachfragt, denkt sie zum Beispiel, man sei in Gedanken an einem andern Ort gewesen und habe ihr nicht richtig zugehört. Sie ist trotz ihres hohen Alters noch immer eine starke Persönlichkeit und möchte bestimmen können. Manchmal fehlt es ihr etwas an Geduld. Ihr herzliches Lachen und ihre Fröhlichkeit sind inzwischen leider fast verschwunden. Trotz der Liebenswürdigkeit, die ich bei I. immer gespürt habe, hatte sie es schwer, andere Menschen für sich zu gewinnen und Freundschaften aufzubauen. Die letzten Jahre gab es wenige Kontakte in unmittelbarer Nähe. Wir beide aber hatten uns spontan gern. Ich habe sie einfach ins Herz geschlossen und bewundere bis heute, dass sie nie klagt.

    Seitdem wir nicht mehr im selben Dorf wohnen, fahren mein Mann und ich einmal in der Woche zu I. und ihrem Mann. Ich sitze vorher immer etwas auf Nadeln, weil ich nie weiss, was uns erwartet und wie es I. geht. Während etwa zwei Stunden kann sie sich aber konzentrieren und auch wieder Karten spielen oder Würfelspiele machen. Zu Hause findet sie sich noch ganz gut zurecht. Es hilft ihr sehr, dass sie und ihr Mann alles zusammen machen. Die beiden sind wirklich eine Einheit. Wenn sie unruhig wird, ist ihr Mann sofort für sie da und gibt ihr seine Hand. Überhaupt ist es rührend, wie er sich um sie kümmert. Er tut alles für sie und hat alles aufgegeben.»

Zerrissen

Remo 21-jährig

Es kommt ihm vor, als sei es gestern gewesen, die Stunden, die er am Rand des Bahnsteigs stand, am andern Ende der Welt, das Gleis stets im Auge und im Kopf den einen Gedanken: «Nur noch weg von dieser Welt und hoffen, dass es im nächsten Leben besser wird.» Den Fahrplan hatte er sich eingeprägt. Er wusste auswendig, welche Züge in dem kleinen Bahnhof in Australien anhielten und wann Schnellzüge vorbeibrausten. Niemand schien ihn zu bemerken. «Ich war ganz in meiner eigenen Welt.» Immer wieder wollte er springen, immer wieder hielt ihn etwas zurück – «es war zum Verzweifeln». Dann geschah etwas, das ihn auch ein halbes Jahr später noch überraschte: Plötzlich tauchte ein Monteur auf, reparierte eine Lampe und verschwand wieder. «Das ist mir eingefahren, es war, als wollte er mir sagen: ‹Hey, ich bin auch Stromer.›» Das Erscheinen des Berufskollegen wertete er als Zeichen: «Wie wenn jemand geschickt worden wäre, um mich aufzuwecken.»

Remo sprang nicht; das Thema Suizid aber liess ihn nicht los: Während des Aufenthaltes in Littenheid nahm sich sein Zimmerkollege das Leben, einige Wochen später ein befreundeter Mitpatient. Und als er sich kurz vor seiner Entlassung auf dem Weg zu einem Vorstellungsgespräch befand, hielt der Zug auf der Strecke ruckartig an. Übers Mikrofon erklärte eine Stimme, es habe sich jemand aufs Gleis gelegt. Unter den Fahrgästen entstanden Diskussionen, wie sich ein Mensch fühlen muss, der keinen Ausweg mehr sieht. Schweigend hörte Remo zu; er enthielt sich der Stimme.

An seine eigene Verzweiflung aber kann er sich gut erinnern: «Ich war nur noch auf den Tod fixiert.» Und diesen plante er minutiös. Er beabsichtigte, seinem Leben ein Ende zu setzen, nachdem er mit seiner Freundin in Australien Englisch gelernt und das Land bereist hatte. Einige Monate zuvor war Remo arbeitslos geworden; das Nichtstun nagte ebenso an ihm wie die Vorwürfe seiner Partnerin und das Gefühl, ein Versager zu sein. In Australien angekommen, hielten sich seine Kräfte nicht an die getroffenen Entscheidungen; in seinem Kopf hämmerten die Gedanken pausenlos und liessen ihn nicht mehr schlafen. Die wenigen Wochen selbst geschenkter Zukunft bekamen etwas Bedrohliches. Remo nahm die Psychopharmaka nicht mehr ein, die er nach einer ersten Psychose verschrieben bekommen hatte, schrieb einen Abschiedsbrief, legte diesen auf den Tisch seiner australischen Gastfamilie, beschwerte ihn mit dem Silberring, den er von seiner Freundin geschenkt bekommen hatte, und machte sich auf den Weg zum Bahnhof.

> *«Ich wünsche mir eine gute Gesundheit und ein langes Leben.»*

Sein Zustand glich demjenigen, der ihn zwei Jahre zuvor eingeholt hatte. Damals, am Ende des dritten Lehrjahres, war er plötzlich auf sich gestellt, der Lehrmeister war in den Ferien und hinterliess einen Berg an Arbeit, daneben musste sich Remo um die jüngeren Lehrlinge kümmern. Zum selben Zeitpunkt kam die Anfrage, als Hilfsleiter an einem Kinderlager teilzunehmen. Remo sagte zu; am Kontakt zu jungen Menschen liegt ihm viel. Dann aber liessen ihn seine Kräfte im Stich. «Ich fand einfach keine Ruhe mehr, um mich herum wurde es immer komischer.» Zunehmend beschlich ihn das Gefühl, von Polizisten in Zivil verfolgt zu werden. Fremde, die ihm ins Gesicht sahen oder in derselben Richtung wie er unterwegs waren, kategorisierte er als Spitzel. Seine Mutter vereinbarte einen Termin beim Hausarzt. Dessen Fragen und prüfende Blicke waren Remo ebenfalls suspekt; auch in ihm vermutete er einen Vertreter der Polizei.

Remo kam in eine psychiatrische Klinik. Die erste Nacht verbrachte er in der Isolierzelle, musste sich bis auf die Unterhose entkleiden, durfte keinen Gegenstand mitnehmen und wurde laut eigenen Aussagen «mit Medikamenten vollgepumpt», auf die sein Körper mit starkem Zucken reagiert habe. Zudem bildeten sich an den Füssen Blasen; Remo erzählt von offenen Stellen in der Fusssohle und zwischen den Zehen. Erst als seine Mutter mit Reflexzonen-Behandlungen begonnen und sich den betroffenen Partien mit «besonderer mütterlicher Liebe» gewidmet habe, sei Besserung eingetreten. Der Eindruck, auch in der Klinik von Polizisten umgeben zu sein, hielt aber an und wurde durch die Sicherheitsmassnahmen auf der geschlossenen Abteilung wohl noch verstärkt; manche Pfleger hielt Remo für Spitzel. Er fühlte sich wie im Alkoholdelirium. Jeder Moment war anstrengend. Laufend habe er sich gefragt: Warum geschieht all dies um mich herum? Ist das wirklich so, oder meine ich das nur? Er zweifelte an seiner Umgebung, an sich selbst, verzweifelte fast. Immer wieder wurden neue Medikamente ausprobiert, und es dauerte Wochen, bis sich Remos Wahnvorstellungen aufzulösen begannen. Nach vier Monaten durfte er heimkehren und konnte die Lehre als Elektromonteur beenden. Dass seine Freundin diese Zeit mit ihm durchgestanden hat, rechnet er ihr hoch an. «Es war sehr hart für sie. Sie sagte mir am Ende auch, das mache sie nie mehr mit.»

Zwei Jahre später, nach der Rückkehr aus Australien, verliess sie ihn. Im Vergleich zur ersten Psychose stand dieses Mal nicht der Verfolgungswahn im Zentrum, sondern ein zerfressendes Schuldgefühl. Remo hatte den Eindruck, an allem schuld zu sein – «dass wir von Australien nach Hause mussten, dass mich meine Freundin verliess, dass sich meine Eltern solche Sorgen um mich machten, und, und, und». In ihm breitete sich die Überzeugung aus, bestraft werden zu müssen und hinter Gitter zu gehören. Zugleich schaffte er es nicht mehr, den Alltag über die Runden zu bringen: Er stand morgens nicht auf, wusch sich nicht, wechselte tagelang die Kleider nicht mehr. Der Rollladen blieb Tag und Nacht geschlossen. Nach einer Woche betrat seine Mutter genau in jenem Moment das verdunkelte Zimmer, als sich Remo die Pulsader aufschnitt. Gegen die Beruhigungsspritze der alarmierten Ambulanz wehrte er sich mit Händen und Füssen. Erst der Anruf eines Heilers, zu dem Remo grosses Vertrauen hat, vermochte ihn zu beruhigen.

An die Fahrt nach Littenheid kann er sich nicht erinnern. Sein Wissen stammt aus den Erzählungen der Mutter. Klar in Erinnerung ist ihm nur die erste Mahlzeit. Auf dem Menü standen Spaghetti und Salat. Als Remo seinen Teller vor sich hatte, war er überzeugt, vergiftet zu werden. Das Essen, das seine Mutter schliesslich von zu Hause mitbrachte, musste sie ihm eingeben. Seine Eltern waren während der Psychosen die einzigen Menschen, denen Remo vertraute. Keinen Moment gaben sie ihm das Gefühl, allein zu sein. Und einmal, erzählt Remo, seien sie sogar gemeinsam nach Littenheid gefahren, um ihn zu besuchen: «Meine Krankheit hat sie wieder etwas zusammengeführt.» Das Paar ist getrennt, seit Remo 16 ist, doch seit er denken kann, fühlt er sich zerrissen: «Ich bin ein Einzelkind, stand immer in der Mitte und wollte beide gleich behandeln.» Als die Eltern Remo den Entscheid überliessen, bei wem er leben wollte, habe es ihn «fast zerrissen». Er entschied sich für den Vater, der für sein Empfinden damals mehr zu leiden schien als die Mutter. Beide Elternteile aber liebt er sehr. Das Auseinanderleben, viele Diskussionen und schliesslich die Scheidung müssen ihm stark zugesetzt haben. «Ich glaubte irgendwann an niemanden mehr richtig.»

Es dauerte Tage, bis Remo realisiert hatte, dass er in Littenheid erneut in einer Klinik war. Sein Zimmer hielt er zunächst für eine Gefängniszelle und war in seiner Vorstellung somit genau an jenem Ort, an den er zur Bestrafung hingehörte. Die Türen auf der Station waren verschlossen, die Scheiben bruchsicher, und hinter den zu öffnenden Fenstern befand sich im Abstand von einigen Zentimetern Sicherheitsglas. Trotz aller Vorsichtsmassnahmen kam Remo mehrfach in den Besitz eines Messers und wollte sich das Leben nehmen. Wiederholt wurde er deshalb in ein Isolierzimmer verlegt – «zu meinem Schutz», wie er rückblickend feststellt: «Ich wollte mich umbringen, und die Klinik wollte das verhindern.» Damals aber fühlte er sich eingeschlossen. Umso erlösender waren die Stunden, die er im Fitnessraum trainieren durfte – ein Angebot, das Patienten wie Ärzte

Remos Zimmer in Littenheid

und Pflegende nutzen. Neben dem Bedürfnis nach mehr Freiheit war die Angst gross, als er nach vier Wochen auf eine offene Station kam. Es erwarteten ihn mehr Selbstverantwortung sowie neue Mitpatienten, Zimmerkameraden, Bezugspersonen, Therapien. Den Augenblick glaubt er nie zu vergessen, als er in der sogenannten Genusstherapie zum ersten Mal realisierte, wie erfrischend die Haut einer Orange riecht. Ziel der Gruppentherapie ist die Schärfung der Sinnesorgane; dabei nehmen die Patienten Dinge, an denen man vielfach vorübergeht, quasi unter die Lupe. Ebenso prägend war der erste freie Samstagabend, den er zu Hause verbringen konnte und mit wachsender Nervosität erwartete: «Ich wusste ja nicht, wie die Leute reagieren würden, wenn sie mich nach so langer Zeit wiedersehen würden.» Manche trauten sich nicht, ihn direkt anzusprechen, andere sagten, er sehe gut aus, so wie früher. «Die Schweigenden dachten wohl: ‹Das ist ein Psycho›, aber die haben einfach keine Ahnung, dass Patienten in der Psychiatrie Menschen wie du und ich sind.»

Der Moment, in dem er erfuhr, dass sich sein bester Kollege unter den Patienten das Leben genommen hatte, war für Remo ein markanter Einschnitt. Er wusste damals genau, dass es seinem Kameraden nicht gut ging, und doch hatte er mit diesem Schritt nicht gerechnet. Stundenlang waren die beiden auf Fahrrädern unterwegs gewesen – «nach zwei Minuten vergassen wir jeweils, dass wir in einer Klinik zu Hause waren». Keinen Moment musste er überlegen, ob er sich den Stationsmitgliedern anschliessen wollte, um an die Beerdigung zu fahren. «Ich wollte ihm adieu sagen, er war einfach gegangen, ohne sich zu verabschieden.» Auf dem Sarg lag ein Holzherz, in einen Stein eingebettet. Remo hatte miterlebt, wie sein Freund in der Ergotherapie daran gearbeitet hatte. Nach der Abdankung machte Remo einen speziellen Eintrag in sein Tagebuch. Seit Wochen schreibt er täglich in das Büchlein, «nichts

«*Patienten in der Psychiatrie sind Menschen wie du und ich.*»

Verrücktes, ich notiere einfach, was gut war und was weniger gut lief». Wenige Tage vor seinem Austritt hielt er fest, sich «recht gesund» zu fühlen – auch dank dem Neuroleptikum und den Antidepressiva, die er noch zwei Jahre nehmen muss. Und wenn er zurückblickt, muss er staunen, was in den vergangenen vier Monaten geschehen ist: «Als ich nach Littenheid kam, war meine Seele schwarz wie Kohle, mir fehlte jede Motivation, ich wollte nicht mehr. Jetzt aber weiss ich: Ich sterbe dann, wenn ich sterben muss oder darf.» Viele Menschen wird er vermissen, Patienten, Betreuer, Therapeuten und ganz speziell seine Freundin – Patientin einer andern Station. «Es wird ein harter Abschied», glaubt Remo, und doch freut er sich auf den Alltag: auf die Arbeit, den Lohn, darauf, diesen auszugeben, und auf seine zwei besten Kollegen, mit denen er seit Jahren Schwyzerörgeli spielt und schon manchen Auftritt bestritten hat. In der Littenheider Werkstatt hat Remo Holzteller für die beiden gedrechselt und das Signet des Trios eingearbeitet.

Er hofft, Talsohlen wie in den vergangenen zwei Jahren nicht nochmals durchschreiten zu müssen – auch wenn er diese Zeiten als «die beste Erfahrung in meinem Leben» bezeichnet. «Es waren sogar schöne Erfahrungen», präzisiert er und erklärt: «Das Gute daran ist, den Heilungsprozess verfolgen zu können. Es ist schön zu sehen, dass man wieder auf die Beine kommt. Und es sind ja nicht nur die Medikamente, die einem helfen, sondern vor allem die Menschen.» Zehn Wochen nach seinem Austritt beendet Remo einen Brief mit folgendem Aufruf: «Mein Schlusswort an alle Leute: Wenn ihr einmal in einem Lebenstief seid, gebt nicht auf! Ich habe während meines Aufenthalts in Littenheid zwei gute Kollegen verloren. Gebt nicht einfach so auf, denn das Leben hat einen grossen Sinn. Sucht Hilfe und redet über euer Problem, denn nur so kann euch geholfen werden.»

«Er wird mit dieser Krankheit leben müssen.»
Gedanken von Remos bestem Freund:

«Ich kenne Remo, seit ich 13 bin, wir gingen ins gleiche Schulhaus. Da wir beide Schwyzerörgeli spielen, hat unser Musiklehrer vorgeschlagen, wir sollten zusammen musizieren. Seither treten wir regelmässig zusammen auf. Aber erst seit seinem ersten Einbruch reden wir offen miteinander. Da hat sich ein Knopf gelöst. Und seither weiss ich: Man kann für Menschen mit dieser Krankheit wohl da sein, aber den Schritt zur wirklichen Besserung müssen sie selbst machen. Es ist schwer, daneben zu stehen und zuzuschauen. Ich war einige Male total überfordert und hatte keine Ahnung, ob ich richtig reagierte. Ich fühlte mich absolut hilflos, versuchte, mit Remo zu reden, wusste aber nicht wie. Ich bin ja kein Psychiater und weiss nicht, wie es in seinem Kopf aussieht. Sein erster Absturz traf mich wie ein Blitz aus heiterem Himmel. Remo ist doch so aktiv! Er ist immer fröhlich, feiert gerne, macht alles immer mit Elan, auch in unserer Guggenmusik. Als mir sein Vater mitteilte, Remo sei in einer psychiatrischen Klinik, schluckte ich ein Dutzend Mal leer; das war ein riesiger Schock für mich. Ich wusste, dass die Scheidung seiner Eltern eine gigantische Belastung für ihn war und dass vieles schiefgelaufen ist in ihrer Beziehung – und trotzdem: Ich konnte mir nicht vorstellen, dass das der Auslöser hätte sein können. Es muss ihm einfach alles zu viel geworden sein.

Nach zwei Wochen besuchte ich Remo in der ersten Klinik, in der er war. Er kann sich heute nicht mehr daran erinnern. Damals aber erkannte er mich und hatte wahnsinnig

Freude, dass ich kam. Doch geistig war er an einem andern Ort. Das sah ich vor allem an seinem Blick; er schaute durch mich hindurch. Auch der Ton seiner Stimme war anders. Heute weiss ich, dass sich Remo Dinge einbildet, die nicht stimmen. Das wurde mir bei seinem ersten Einbruch so richtig bewusst. Es war mitten in der Fastnacht, wir waren mit der Guggenmusik fast dauernd unterwegs und schliefen kaum. Am letzten Tag war die Stimmung schon morgens komisch, und abends sagte Remo plötzlich zu mir: ‹Sepp, ich muss mit dir reden.› Dann begann der Horror. Remo glaubte, wir wollten ihn nicht mehr in unserer Guggenmusik haben, er sagte mir, wir spielten alle mit ihm, und er bildete sich ganz schlimme Sachen ein; dann bekam er Schüttelfrost, zitterte von Kopf bis Fuss und weinte. Ich lief mit ihm von einem Dorf zum nächsten und versuchte, ihn abzulenken. Er erzählte mir an dem Abend viel, und mir wurde klar, dass in seinem Leben wirklich vieles nicht stimmte; von manchem hatte ich bis dahin überhaupt keine Ahnung. Es war schwierig, ihn nach Hause zu bringen, Remo war in einem sehr nachdenklichen Zustand. Man sah ihm an, dass ihm tausend Gedanken durch den Kopf schossen und er nicht wusste, an welchem er sich festhalten sollte. Er hatte denselben zerstörten Blick wie beim ersten Mal in der Klinik.

    Remos Geschichte hat sehr an mir gezehrt; ich habe vieles nicht verstanden, was er gemacht hat. Er wird mit dieser Krankheit leben müssen, und ich hoffe, dass er es packen wird. Er ist mein bester Freund und wird immer ein wichtiger Teil meines Lebens sein.»

Abhängig

Christian Sandmeier 46-jährig

Eines Nachts geschah, wovor er sich gefürchtet hatte. Wie so oft hatte Christian Sandmeier mit einem Häftlingskollegen über Glaubensfragen diskutiert. Auch an diesem Abend hatte er versucht, den Kameraden von seinem Weg abzubringen. Der Mann befasste sich mit dem geheimnisumworbenen sechsten und siebten Buch Mose, in dem Teufelsbeschwörungen beschrieben werden. Zurück in der Gefängniszelle, die Sandmeier wegen kleinerer Diebstähle und Drogengeschäfte für einige Monate gegen sein Zuhause eintauschen musste, sei trotz eingeschalteter Heizung plötzlich frostige Kälte durch die Ritzen gekrochen. Entsetzt glaubte er damals feststellen zu müssen, vom Teufel persönlich besucht worden zu sein: «Ich sah ihn zwar nicht, aber ich spürte ihn ganz deutlich und bekam solche Angst, dass ich nicht mehr wagte, mich umzudrehen.» Starr vor Schreck harrte er die halbe Nacht aus, bis ihm Worte aus einem 30 Jahre zurückliegenden Kindergottesdienst in den Sinn kamen: «Ich bin der Weg und die Wahrheit und das Leben; niemand kommt zum Vater als nur durch mich.» Christian Sandmeier wandte sich an Jesus, mit der Bitte, ihn vom Teufel zu befreien, worauf es in dem kleinen Raum wärmer geworden sei. «Seit dieser Nacht weiss ich, was ich tun muss, um Hilfe zu bekommen. Doch man wird nur unterstützt, wenn man selber nicht mehr weiter weiss.»

Situationen, in denen er am liebsten aufgegeben hätte, waren in seinem Leben immer wieder aufgetreten. Im Alter von 30 Jahren musste Sandmeier erfahren, dass sein Grossvater seine Mutter mehrfach vergewaltigt hatte – was seinen Grossvater und seinen Vater zu einer Person werden liess. Nach der Geburt ihres Sohnes wollte die 16 Jahre junge Mutter das Haus verlassen. Doch der Grossvater verbot ihr, den Säugling mitzunehmen. Unter eisernem Schweigen wuchs der Bub im Haus der Grosseltern, beziehungsweise des Vaters, auf. Über das Thema wurde nicht gesprochen, «die Wahrheit hätte ich nie erfahren sollen», weiss Sandmeier. Doch er spürte, dass nicht alles in Ordnung war. Bereits als kleiner Junge war ihm die Nähe des Grossvaters unangenehm: «Nie habe ich jemanden so abgelehnt. Instinktiv empfand ich Ekel und Abscheu gegenüber ihm – bereits lange bevor ich wusste, was los war.» Mit der Grossmutter aber verband ihn eine innige Beziehung, ihre liebenswürdige Art habe ihm stets wohl getan. Als Sandmeier seine leibliche Mutter im Alter von drei Jahren zum ersten Mal sah, klammerte er sich an die Grossmutter und fragte besorgt, wer die Fremde sei. Fortan verbrachte er zwar manchen Ferientag bei der Mutter; doch eine tiefe Zuneigung zu ihr wollte nicht entstehen, und auf das Gefühl von Geborgenheit wartete er vergebens.

Schliesslich kam die Wahrheit ans Licht: In einem unbedachten Moment erzählte ein Bruder der Mutter ausgerechnet dem damaligen Liebhaber von Sandmeiers Verlobten über die Familieninterna. Fassungslos musste Christian Sandmeier erkennen, dass diese im Dorf schon lange ein offenes Geheimnis waren. «Meine Welt brach wie ein Kartenhaus zusammen.» Mit der darauf folgenden Mischung aus Trauer und Zorn aber konnte er dem Grossvater und Vater nicht mehr begegnen: Vier Jahre zuvor war er gestorben. Und da Sandmeiers Verlobte nach unzähligen Affären beschlossen hatte, einen Schlussstrich unter ihre Beziehung zu ziehen, war er mit der Last und dem Verarbeiten seiner Sorgen allein. Auf der Suche nach Abwechslung lernte er eine junge Frau kennen, die ihm schnell viel zu bedeuten begann, aber, so Sandmeier, «leider» in der Drogenszene verkehrte. Es dauerte einige Wochen, bis er realisierte, dass sie sich zudem prostituierte. Frisch verliebt, wollte er sie von Drogen und Strich wegbringen. Das Ziel schien er beinahe erreicht zu haben, als die Freundin wegen eines zurückliegenden Raubüberfalls zu einer Haftstrafe von zwei Jahren verurteilt wurde. Bis zu jenem Vorfall war sie mit dem Gesetz nie in Konflikt geraten und verschwand nach diesem überraschend hart ausgefallenen Urteil wortlos. Sandmeier fand sie am Zürcher Platzspitz wieder, dem damaligen Zentrum der Drogenszene, wo sie sich erneut prostituierte. «Hätte ich einen gesunden Egoismus gehabt, hätte ich damals losgelassen.» Stattdessen liess er sich von einer Kollegin aus der Szene zum ersten Drogenkonsum überreden; er ging davon aus, sich danach besser in seine Partnerin hineinversetzen zu können. Auf Reaktionen aber wartete er vergebens. Heute ist er überzeugt, dass es sich damals um Traubenzucker handelte. Erst beim zweiten Versuch erzeugte die Mischung aus Kokain und Heroin ein Gefühl, das Sandmeier als eine Kombination von «wohlig warm und aufputschend» beschreibt. Von da an spritzte er sich nach Möglichkeit Cocktails, die aus beiden Stoffen bestanden.

Als seine Freundin merkte, dass er Drogen nahm, wurde sie wütend. Keinesfalls wollte sie ihn ins Elend ziehen. Fortan versuchten die beiden gegenseitig, sich vom Konsumieren abzuhalten. Da ihr Gefängnisaufenthalt aber kurz bevorstand, wollte sie in der verbleibenden Zeit noch tun, was ihr bald schon verwehrt sein würde; und er konnte den Schalter nicht mehr so leicht zurückkippen. Nachdem sie hinter Gittern sass, spritzte er vorerst einmal in der Woche, dann zweimal, und zu den Wochenenden gehörte das warme, aufputschende Gefühl bald schon fest dazu. Er realisierte, dass er sich selbst Grenzen setzen musste – der Kosten und seines Gesundheitszustands wegen. An mehr als drei aufeinanderfolgenden Tagen einen Schuss zu setzen, verbot er sich, weil er ab dem vierten Tag Schwierigkeiten mit dem Arbeiten hatte. Über Jahre gelang es ihm, unter seinen Berufskollegen keinen Verdacht aufkommen zu lassen. «Wer mich nicht gut kannte, wusste nicht, dass ich regelmässig konsumierte.» In der Drogenszene selbst aber gehörte er bald schon zum harten Kern. Alleine habe er kaum gespritzt, sagt Sandmeier und beschreibt, wie jeder in der Gruppe den andern Halt gab, womit sie sich «beschützt und sicher» gefühlt hätten: «Es kam nie vor, dass wir Mitglieder in einer schwierigen oder gefährlichen Situation allein liessen.» Um an Kokain und Heroin zu kommen, wurde öfters Geld zusammengelegt; dann zog einer los und besorgte Stoff für alle. Das war billiger, aber riskanter für jenen, der mit grösseren Mengen unterwegs war. Mehrfach wurde Sandmeier bei solchen Gängen erwischt und verzeigt. Da er zusätzlich bei einigen Einbruchdiebstählen ertappt worden war, musste er zwei Haftstrafen absitzen. Während des längeren Vollzugs von neun Monaten fiel sein Blick täglich auf eine psychiatrische Klinik, die neben dem Gefängnis lag. Hätte ihm damals jemand prophezeit, eine solche selbst einmal von innen kennenzulernen – er hätte ungläubig den Kopf geschüttelt.

Nachdem er immer unzuverlässiger zur Arbeit erschien, verlor Christian Sandmeier seine Stelle. Er konnte die Wohnungsmiete nicht mehr bezahlen, warf Betreibungsschreiben ungeöffnet fort, wurde erneut straffällig, immer nachlässiger und hatte schliesslich während zwei Jahren kein festes Dach mehr über dem Kopf. Tagsüber lebte er auf der Gasse, nachts suchte er Unterschlupf in öffentlichen Toiletten oder leeren Baracken. Täglich zu konsumieren, konnte er sich nicht leisten; aber die vormals selbst aufgestellte Regel, sich nicht an mehr als drei aufeinanderfolgenden Tagen Spritzen zu setzen, überschritt er nun manchmal, worauf sich die Entzugserscheinungen verstärkten: Er zitterte von Kopf bis Fuss, bekam kalte Schweissausbrüche, und seine Glieder schmerzten wie bei einer starken Grippe. «In solchen Momenten schreist du nach Stoff.» Dass er sich auf einer Gratwanderung befand, war ihm bewusst. Nach Überdosen betete er, nicht sterben zu müssen, und heute ist er der festen Überzeugung, dass er ohne seinen Glauben nicht mehr am Leben wäre.

Nach dem zweiten Gefängnisaufenthalt fand Christian Sandmeier über die Schutzaufsicht Kontakt zu einem Bauern, bei dem er wohnen und auf dem Hof helfen konnte. Ohne Geld in der Tasche und weit weg von der Szene, verbrachte er einige drogenfreie Jahre. In dieser Zeit entstand eine intensive Beziehung zur Nichte des Bauern und ihrem

«Ich wünsche mir eine gut funktionierende Beziehung.»

Freundeskreis, der zu einer wesentlichen Stütze in seinem Leben wurde. Ausser seinen ehemaligen Kollegen habe ihm nichts gefehlt, sagt Sandmeier. Zu diesen suchte er wieder Kontakt, nachdem er eine bezahlte Stelle auf dem Bau und eine kleine Wohnung gefunden hatte. Es sollte nicht lange dauern, bis die Drogen ihn wieder fest im Griff hatten. Dass er es über Monate hinweg dennoch fertigbrachte, in der Regel pünktlich zur Arbeit zu erscheinen, kann er sich im Nachhinein selbst nicht erklären. Vollständig entglitt ihm die Situation erst in den drei zurückliegenden Jahren. Nun gab es Tage, an denen die Venen an den Armen derart durchstochen waren, dass er keinen weiteren Schuss mehr setzen konnte. Er sagt: «Drogen hat man nie im Griff, sondern die Drogen übernehmen bis zu einem gewissen Grad die Kontrolle über den Menschen.» Diese Tatsache will er aber nicht als Entschuldigung für begangene Straftaten verstanden wissen. Die Drei-Tage-Regel war inzwischen zur Ausnahme geworden, wodurch sich die Entzugserscheinungen an konsumfreien Tagen erheblich verstärkten. Je mehr ihm die Selbstkontrolle entglitt, desto stärker hielt er sich am Glauben fest. «Ich bat Jesus immer wieder: ‹Zeig mir, wie ich hier rauskomme.›»

Als er nach einem Arbeitsunfall zum Arzt musste, sprach ihn dieser als erster Aussenstehender auf seinen Zustand an und empfahl, mit dem Sozialdienst der Gemeinde Kontakt aufzunehmen. Dort riet man Sandmeier zur Teilnahme an einem von Gesprächen begleiteten Methadonprogramm. Mit Ersatzdrogen hatte er während seines ersten Strafvollzugs bereits Erfahrung gemacht und beschreibt die Folgeerscheinungen als «katastrophal»: Die Schmerzen hätten zugenommen, über ein halbes Jahr sei ihm schwindlig und schlecht gewesen, und in Beinen und Venen sei das Kribbeln fast unerträglich geworden. Statt erneut an solch einem Programm teilzunehmen, kam ihm Littenheid in den Sinn, wo er einige Kollegen während ihres Entzugs besucht hatte. Öfters sei ihm durch den Kopf gegangen: «Hier wird den Menschen wirklich geholfen», und nun beschloss er, sich selbst anzumelden. Im Zuge der Eintrittsabklärungen wurde bei Sandmeier nicht nur Hepatitis C, sondern auch eine Leberzirrhose nachgewiesen. Um schmutzige Spritzen habe er stets einen Bogen gemacht, sagt er. Barfuss sei er aber einige Male auf gebrauchte Nadeln getreten. Da nicht voraussehbar war, wie sein Körper auf den Entzug reagieren würde, verbrachte er die ersten zehn Tage auf einer geschlossenen Station der Akutpsychiatrie – keine ungewohnte Situation, wusste er doch von seinen Gefängnisaufenthalten, was ein Leben hinter verschlossenen Türen bedeutet. «Gedanklich war ich frei. Zum Glück kenne ich keinen Ort, an dem das Denken verboten ist.»

Während der folgenden drei Monate in Littenheid habe er nie Lust auf Drogen verspürt, was er unter anderem auf das Miterleben des Todes einiger Kollegen zurückführt. Er

Von seinen Gefängnisaufenthalten wusste Christian Sandmeier, was ein Leben hinter verschlossenen Türen bedeutet.

habe sich gesagt, nicht ebenso sterben zu wollen, und sein Entschluss, dem Drogenkonsum den Rücken zu kehren, war gefallen. Nachts aber holte ihn regelmässig derselbe Traum ein, in dem er sich jeweils Spritzen setzen sah. Dahinter stehe die Angst vor Rückfällen, glaubt Sandmeier. «Sie wird wohl Teil meines Lebens bleiben.» Vermehrt wandte er sich wieder der Bibellektüre zu und machte im Kreise der Mitpatienten die beinahe vergessene Erfahrung, tiefe Gespräche führen zu können. Er beschreibt die Welt ohne Einfluss von Rauschgiften als «offener und schöner». In der Mitte des Klinikaufenthalts, kurz vor Weihnachten, schrieb er seiner Mutter eine Karte. Während acht Jahren war der Kontakt abgebrochen; aus Scham über seinen Zustand hatte sich Sandmeier zurückgezogen. Nach dem Neuanfang feierten die beiden den Jahreswechsel zusammen.

Er hat sich zum Ziel gesetzt, die Ausnahme der Regel zu sein: «Einmal Junkie, immer Junkie» treffe auf die meisten zu – er aber wolle den «Fixer-Stempel» nicht für den Rest seines Lebens auf der Stirn tragen. Bandscheibenschäden aus seiner Berufszeit als Bauisoleur werden wohl keine geregelte Arbeit mehr zulassen, er wird Geld von der Invalidenversicherung beziehen müssen. Kurz vor Austritt fand er eine Wohnung. Das Malen in der Littenheider Therapie hat ihm so gut getan, dass er sich in seinem neuen Zuhause ein Atelier einrichten und die während des Aufenthalts entstandenen Bilder aufhängen wird; unter anderem jenes, das in Rot- und Schwarztönen an dem Tag entstand, als sich der Befund der Leberzirrhose bestätigte. Zunehmende Schmerzen im Bauch erinnern ihn täglich an seine Vergangenheit – und an den Vorsatz, seine Zukunft drogenfrei zu verbringen.

«Wir konnten zusammen schweigen.»
Gedanken eines Mitpatienten von Christian Sandmeier:

«Christian und ich haben uns kennengelernt, als wir beide am Tiefpunkt angelangt waren. Es ging uns so schlecht, dass wir uns nichts vormachen konnten und darum offen und ehrlich zueinander waren. Hier drin muss ein gesunder Egoismus herrschen, damit man überhaupt wieder zu sich finden kann. In den ersten Tagen waren Christian und ich in einem Zweierzimmer auf der geschlossenen Station. Auch ich kam wegen einer Suchtproblematik nach Littenheid und habe an die ersten Wochen nur eine vage Erinnerung; ich bekam starke Entzugsmedikamente, die aufs Kurzzeitgedächtnis schlagen. Klar hängen geblieben ist aber Christians ruhige und hilfsbereite Art.

Christian verliess die geschlossene Station vor mir. Es war schön, dass wir danach wieder auf der gleichen offenen Station waren. So hatte ich vom ersten Moment an eine Anlaufstelle, die mir half, aus meinem Schneckenhaus herauszufinden. Abends zogen wir uns oft ins Restaurant am Rand der Klinik zurück. Dort konnten wir auch einfach zusammen schweigen und im Schweigen Gedanken austauschen. Wir sprachen aber auch viel miteinander. Kein Gespräch mit einem Therapeuten kann den Austausch mit einem Menschen ersetzen, der genau weiss, wovon du sprichst, und deine Gefühle nachvollziehen kann. Christian kann gut zuhören und einem auch schonungslos die Meinung sagen. Er ist sehr offen, selbstkritisch und hat etwas Wurzelloses; es gibt keinen geraden Faden durch sein Leben, er passt in kein Schema hinein und ist alles andere als ein kleinkarierter Schweizer. Er nimmt die Dinge so, wie sie sind, und macht das Beste draus. Ich habe ihn nie verzweifelt erlebt; selbst der Diagnose Leberzirrhose ist er ausschliesslich mit positivem Denken begegnet.

Wir alle hier haben nach unserem Austritt das starke Bedürfnis, Abhängigen zu helfen, um von ihrer Sucht wegzukommen. Christian hat sich das ganz besonders vorgenommen. Doch wenn er von 100 Menschen fünf bekehren kann, dann ist das eine unglaubliche Leistung. Zum grössten Teil spricht man nämlich an eine Wand. Man sieht Existenzen kaputtgehen und merkt, dass man nichts tun kann. Das ist enorm kräftezehrend. Ich habe das drei Jahre mit meiner Freundin versucht und bin daran zerbrochen. Statistisch gesehen, haben Christian und ich nicht die besten Chancen nach unserem Austritt. Das Thema Sucht wird uns ein Leben lang begleiten, denn unsere Rezeptoren im Hirn sind auf den Stoff programmiert. Das heisst, entweder gar nichts zu konsumieren oder wieder mittendrin zu sein – ein bisschen kommt mir das vor wie Lotto spielen. Wir werden unsere Leben so gestalten müssen, dass wir gar nic mehr in Situationen geraten, die uns wieder hineinziehen könnten. Das bedeutet knallharte Arbeit; aber ich bin sicher, dass Christian das schaffen wird.»

Allein

Joy 17-jährig

Wenn der Kühlschrank leer war, legte die Mutter vier Franken auf den Küchentisch, mit denen sich die Kinder das Nötigste kaufen konnten. Der Lohn von 2400 Franken reichte nur knapp für den Dreier-Haushalt, und oft versetzte die Bemerkung der Mutter, sich ihre Kinder eigentlich nicht leisten zu können, Joy einen Stich. «Sie sorgt zuerst für sich, dann nochmals für sich und dann noch ein bisschen für mich und meinen Bruder. Seit Jahren vernachlässigt sie uns.» War die Mutter zu Hause, sass sie vor dem Fernseher oder warf mit Schimpfworten um sich. Doch seit der Trennung von ihrem Mann verbringt sie jede freie Minute bei ihrem neuen Partner. Joy muss genau nachdenken, um sich das letzte gemeinsame Essen oder eine Umarmung in Erinnerung zu rufen. Die Abwesenheit der Mutter ertrug Joy zunehmend schlechter. Sie griff zu scharfen Gegenständen und verletzte sich selbst an ihren Handgelenken, Oberarmen und der Innenseite der Unterschenkel. Zu Beginn ritzte sie die Haut mit einer Zirkelspitze auf, dann mit Glasscherben, schliesslich mit dem Tomatenmesser. «Das liess mich vieles vergessen. Es kam Luft in mich hinein, und mit dem Blut konnte der Schmerz aus der Seele fliessen.»

Joys Zuhause war in den letzten Jahren zerbrochen; nach der Trennung der Eltern warteten die Kinder vergebens auf Geborgenheit und Fürsorge. Die Zeiten etwa, in denen die Mutter mit ihren Kindern Kleider kaufte, waren längst vorbei. Joy bekam immer mal wieder einige Franken in die Hand gedrückt, um in Secondhandläden einzukaufen. Oft trug sie Kleider, aus denen sie herausgewachsen war, deren Nähte geplatzt und von ihr selbst geflickt worden waren. «Meine Mutter ist für alles unbrauchbar», sagt Joy; seit Jahren sei ihr die Familie egal. Vergangene Weihnachten war beispielsweise geplant, dass die Kinder am Nachmittag mit der Mutter feierten, bevor sie abends in die Stube des Vaters wechselten. Joy und ihr Bruder warteten stundenlang auf die Mutter und versuchten vergeblich, sie auf ihrem Mobiltelefon zu erreichen. Gegen Abend wankte sie mit einer Alkoholfahne ins Wohnzimmer, stolperte über den kleinen Plastik-Christbaum und murmelte, ihre Kinder vergessen zu haben. Dann riss sie die Flasche Prosecco an sich, die ihr Joy geschenkt hatte, und sprühte ihren Kindern jenes Parfüm in die Augen, auf das ihr Sohn lange gespart hatte, um sie damit überraschen zu können.

> «Ich wünsche mir, dass meine Eltern mich so akzeptieren, wie ich bin.»

Nach der Scheidung lag das Sorgerecht bei der Mutter, die die Obhut über ihre Kinder aber schon bald einem Beistand überliess, weil ihr die Erziehung zunehmend entglitt. Joy und ihr Bruder kamen nur noch selten heim, manchmal blieben sie über mehrere Tage und Nächte weg und mussten polizeilich gesucht werden. Nach einem kurzen Heimaufenthalt wurde Joys Bruder in ein Internat gebracht, von wo er wieder ausriss. Über Wochen wurde nach ihm gefahndet; an die Vermisstenmeldungen im Radio kann sich Joy gut erinnern. Als dem Jungen das Übernachten unter freiem Himmel zu anstrengend geworden und er wieder daheim aufgetaucht war, beschloss der Beistand, ihn nach Littenheid zu bringen. Dort verbrachte er drei Monate auf der geschlossenen Jugendstation. Joy beendete zwar die Schule, doch ihre Noten waren schlecht und die Chancen auf eine Lehrstelle ebenso. «Mein Traumberuf war Krankenschwester; ich wollte unbedingt andern helfen, weil mir ja nie jemand geholfen hat.» Während eineinhalb Jahren schrieb sie 300 Bewerbungen. Die wenigen Antworten waren Absagen. Nachdem eine Kollegin bei einem Malergeschäft eine Lehrstelle gefunden hatte, entschied sich Joy umzusatteln. Als aber der Malermeister am ersten Schnuppertag die Narben auf ihren Handgelenken und Armen bemerkt hatte, habe er ihr mitgeteilt, für Menschen mit «solchen Problemen» sei kein Platz im Betrieb.

Joy gab auf. Monatelang kam sie selten vor drei Uhr nachts nach Hause. Bis in die frühen Nachmittagsstunden lag sie vor laufendem Fernseher im Bett. Kurz bevor die Mutter von der Arbeit heimkam, verliess sie jeweils die Wohnung und machte sich zum Bahnhof. Über eine Kollegin hatte sie die dortige Szene kennengelernt: Menschen ohne ein Zuhause. Inmitten von Alkoholikern und Arbeitslosen fühlte sie sich aufgehoben. «Wer Alkohol oder Gras dabei hatte, teilte das mit den andern, da ging niemand auf den Egotrip.» Dabei ist Nikotin für ihre Lunge ein besonderes Gift. Seit Geburt leidet Joy am Kartagener-Syndrom: Die Beweglichkeit ihrer Flimmerhärchen ist gestört, was unter anderem zu Einschränkungen der Lungenfunktion führt. Raucht Joy weiterhin zwei bis drei Päckchen Zigaretten pro Tag, wird eine Lungentransplantation unumgänglich werden. Dass Nichtraucher auf der Warteliste bevorzugt werden, scheint sie nicht zu beeindrucken; sie denkt kaum an die Krankheit und nimmt die Medikamente nur unregelmässig ein. Seit einer Schlägerei steht zudem die Nasenwand schief, was das Atmen erschwert. Auf die Empfehlung, die Nase operieren zu lassen, reagiert Joy abweisend; dazu müsste sie ihren Nasenring entfernen – und das will sie nicht. Bisher habe sie noch immer genügend Luft bekommen, beschwichtigt sie; ihre Atemlosigkeit empört sie nur dann, wenn sie vor der Polizei flieht.

Mit Ordnungshütern ist sie schon häufig in Konflikt geraten. «Ich ging manchmal mit leeren Taschen in ein Geschäft und ohne zu zahlen mit vollen raus.» Sie besprayte Wände, war in Raufereien verwickelt, zündete Abfalleimer an, entwendete Motorräder, lag betrunken in Hauseingängen und wurde von der Polizei in die Ausnüchterungszelle gebracht. Ihr Verhalten zerrte an den Nerven der Mutter. Das Fass zum Überlaufen brachte ein neuer Haarschnitt, welcher sie veranlasste, der Tochter Geld für eine Korrektur in die Hand zu drücken. Joy investierte den Betrag in Bier und Marihuana und liess sich von einer Kollegin eine Kopfhälfte kahl rasieren. Währenddessen wartete zu Hause bereits ihr Beistand, der vorsorglich einen Termin beim Bezirksarzt vereinbart hatte, um Abklärungen für einen Klinikeintritt vornehmen zu können. Joy war nicht nur wütend, sondern auch peinlich berührt, sich den Fragen des Arztes stellen zu müssen: Die Tage zuvor hatte sie auf der Strasse und bei Kollegen verbracht, sie trug fremde Schuhe und hatte sich weder gewaschen, noch war sie nüchtern. Nun wurde sie vor die Wahl gestellt, freiwillig in Littenheid einzutreten oder einen fürsorgerischen Freiheitsentzug über sich ergehen zu lassen. Joy entschied sich für den Eintritt.

Die erste Zeit sei ihr wie im Jugendgefängnis vorgekommen, berichtet Joy. Sie hatte verlernt, sich an Zeiten zu halten und innerhalb einer Gruppe Aufgaben zu übernehmen, und es empörte sie, ihre Weste mit dem durchgestrichenen Hakenkreuz und dem Anarchie-Zeichen nicht mehr tragen zu dürfen. Doch nach wenigen Tagen realisierte sie, dass ihr der Abstand zur Mutter gut tat. Zudem konnte sie in der Littenheider Werkstatt endlich als Malerin arbeiten und unter anderem das auf dem Areal liegende Wohnhaus ihres Stationsleiters neu streichen.

Einen Monat nach Klinikeintritt teilte ihr die Mutter mit, nicht mehr für sie sorgen zu können; zusammen mit dem Beistand hatte sie beschlossen, Joy in ein Heim zu bringen. Nach Empfang dieser Hiobsbotschaft schloss sich Joy einer Gruppe Mitpatienten an, die aus der Klinik ausbrach. «Ich wollte für immer weg, per Autostopp irgendwo hinreisen und später meinen Bruder nachholen.» In den frühen Morgenstunden aber kroch die Kälte unter die Kleider der Ausreisser; sie riefen in Littenheid an, baten aber vergeblich darum, abgeholt zu werden. Als sie am Bahnhof Fahrräder entwenden wollten, tauchte der Sicherheitsdienst auf. Nach einem langen Fussmarsch zurück in die Klinik musste Joy die Frei-

Nach Joys Eintritt in die Klinik teilte ihr die Mutter mit, nicht mehr für sie sorgen zu können.

nacht mit Zimmerarrest und Ausgangssperre für die kommenden Wochenenden büssen. So erlebte sie die letzten Tage ihrer Ratte nicht. Zu Zeiten, als der Bahnhof Joys Zuhause war, sass das Tier stets auf ihrer Schulter oder schlief in der Kapuze. Eines Tages aber lag es tot im Käfig. Joy ist überzeugt, dass ihre Mutter die Ratte verenden liess. Als sie am ersten freien Wochenende zu Hause in den leeren Käfig blickte, verbog sie aus Enttäuschung und Wut Stricknadeln, zerbrach Kleiderbügel, schmiss mit CD-Hüllen um sich und riss Vorhänge von der Stange. Seither steht auf dem Display ihres Mobiltelefons vor dem Foto der Ratte: «I miss you.»

Das Verschwinden des Tieres hat Joy nachhaltig erschüttert. Sie sagt: «Erwachsenen kann man einfach nicht trauen. Ich vertraue eigentlich nur mir selbst.» Umso beeindruckter zeigt sie sich über die Haltung der Bezugspersonen und Therapeuten in Littenheid: «Die kneifen sich in den Hintern und machen, was sie sagen.» Das aber vermochte sie nicht vor zwei weiteren Ausbrüchen zurückzuhalten. «Ich brauche einfach meine Freiheit», entschuldigt sie ihr Verhalten, «und wenn ich die nicht habe, dann tue ich alles, um sie zu bekommen.» Beide Male musste sie nach ihrer Rückkehr 24 Stunden in der sogenannten Isolierzelle verbringen. Den leeren Raum kannte sie schon von jenen Abenden, an denen sie alkoholisiert auf die Station zurückgekehrt war. Das wenige Quadratmeter grosse Zimmer durfte sie nur für den Gang auf die Toilette verlassen, und Essen reichte man ihr durch ein kleines Fenster.

Warum der Beistand dafür sorgte, dass sie und ihr Bruder nach Littenheid kamen, kann Joy bis heute nicht verstehen. «Meine Seele ist verletzt, aber nicht krank», sagt sie, und der viermonatige Aufenthalt habe sie nicht zu einem andern Menschen gemacht. Ansatzweise habe sie zwar gelernt, was eine Tagesstruktur bedeutet, und sicherlich wird ihr in Erinnerung bleiben, wie schön es ist, als Gruppe um einen Tisch zu sitzen und gemeinsam zu essen. Ein Sozialarbeiter der Klinik hat ihr einen Platz in einem Heim vermittelt, in dem sie selbstständig leben lernen soll. Zu Beginn wird sie vor allem im Hauswirtschaftsbereich arbeiten müssen; möglichst schnell aber möchte sie in die Werkstatt wechseln und sich einen Temporärjob suchen. Ihre Schulden belasten sie. Bei den Bundesbahnen steht sie wegen Schwarzfahrens in der Kreide, und bei einer Bank hat sie deutlich mehr Geld abgehoben, als sie hatte. «Ich muss das jetzt durchziehen. Dies ist meine letzte Chance.» Nutzt sie diese nicht, droht ihr ein geschlossenes Heim, das sie nur alle zwei Monate verlassen darf. Sie will alles daran setzen, Malerin zu werden und junge Menschen ausbilden zu können; ihr Ziel ist zu verhindern, dass es «andern so ergeht wie mir».

Joys Zimmer in Littenheid

«Sie war immer für mich da.»
Gedanken einer Mitpatientin von Joy:

«Als Joy auf unsere Station eintrat, dachte ich: ‹Oh Gott, muss die gerade zu uns kommen?› Alle bewunderten sie wegen ihrer Punkfrisur; ich aber hatte Angst vor ihr. Richtig kennengelernt haben wir uns im Badezimmer. Ich traute mich nicht, mir die Wachsstreifen von den Beinen zu ziehen. Joy half mir und hatte ihre helle Freude, wenn ich aufheulte. Ich war damals noch in einem Einzelzimmer. Kurz darauf musste ich das Zimmer wechseln – und zwar zu Joy. Ich hatte überhaupt keine Lust, denn sie lässt ihre Sachen kreuz und quer im Zimmer herumliegen und braucht alles von den andern. Nach einigen Tagen aber hatten wir es sehr gut zusammen. Ich habe sie total gern, und ich bewundere sie. Weil wir uns nie verlieren wollen, haben wir Blutsfreundschaft geschlossen. Sie machte einen Schnitt in mein Handgelenk und ich einen in ihres. Ich hatte Angst, sie zu schneiden; doch sie forderte mich auf, und so schnitt ich sie ohne Skrupel; dann tat sie das Gleiche bei mir. Dabei hat sie mich oft vom Ritzen abgehalten. Wenn sie wusste, dass ich an eine Scherbe gekommen war, nahm sie mir diese weg. Und wenn ich mich trotzdem selbst verletzte, verarztete sie mich.

Sie war überhaupt immer für mich da. Wenn ich Mist gemacht hatte und ins Isolationszimmer musste, wartete sie vor dem Fenster auf mich. Nachts aber brachte mich Joy auf hundertachtzig mit ihrem Husten, ich hätte sie erwürgen können. Dabei hatte ich immer Stöpsel in den Ohren. Zudem konnte sie manchmal lange nicht einschlafen, las, zeichnete, schrieb Worte wie ‹Mord› oder ‹Hass› auf Zettel und rief dazwischen auch laut aus. Immer wieder sass sie auch auf meinem Bett; das kann ich auf den Tod nicht ausstehen. Oder sie schnappte sich meinen CD-Player und hörte ihre Punkmusik in einer Lautstärke, dass ich viele Strophen auswendig kann. Sie wollte auch immer mit mir reden, das wollte ich aber oft nicht. Wenn es mir nicht gut geht, dann will ich meine Ruhe haben. Trotzdem: Mit Joy im Zimmer hatte ich immer etwas Sicheres um mich herum.

Joy ist eine super Zuhörerin; das bin ich leider nicht. Als ich erfuhr, dass ihre Mutter sie nicht mehr zu Hause haben will und sie ins Heim muss, wusste ich nicht, wie ich ihr helfen konnte. Und erst recht nicht, als ihre Ratte starb. Joy tat mir wahnsinnig leid, wir haben zusammen geweint.

Mein Charakter hat sich geändert, seit ich Joy kenne. Sie erzählte mir von der Anarchie, das faszinierte mich, und sie zeigte mir Fotos, wie sie und ihre Kollegen von der Strasse ums Feuer herum sassen. Sie weiss, was Freiheit ist. Ich war viel oberflächlicher, bevor ich Joy kennenlernte. Ich war auch immer sehr ordentlich, obwohl mir Ordnung eigentlich gar nicht gefällt. Seit ich Joy kenne, bin ich gottlob weniger ordentlich. Joy forderte mich so stark heraus, bis ich lernte, nein zu sagen. Ich lasse nicht mehr alles mit mir machen. Auch meine Komplexe sind weniger gross, sie hat mich viel selbstbewusster gemacht. Mit ihr konnte ich essen, ohne mich zu dick zu fühlen. Es tat mir auch gut, dass sie selbst nicht die Schlankste ist. Ich fragte sie immer, ob ich nicht zu dick sei. Das ging ihr irgendwann so auf die Nerven, dass sie auf einen Zettel schrieb: ‹Ich bin nicht schlecht! Wer mich nicht so akzeptiert, wie ich bin, fuck you, der geht mir am Arsch vorbei! Ich bin schön, so wie ich bin!› Sie sagte mir, ich solle das jeden Tag fünfmal lesen. Der Zettel liegt in meiner Nachttischschublade. Ich schaue ihn oft an, wenn es mir nicht gut geht.»

Verlassen

E.M. 66-jährig

Zu jeder hatte er eine spezielle Beziehung, ihre Bewegungen faszinierten ihn. Es waren weit mehr, als er an einer Hand abzählen kann, verschieden in Grösse und Form und unterschiedlichen Alters. Jede Viertelstunde aber vereinten sie sich zu einem kleinen Orchester und verkündeten, wie weit der Tag fortgeschritten war. Wanduhren waren E.M.s grosses Hobby. Seine Zuneigung galt besonderen Exemplaren, etwa dem Schwarzwälder «Augenwender», dessen Pupillen im aufgemalten Gesicht bei jedem Pendelschlag von der einen Augenecke in die andere wandern. Zu manchen Zeiten hingen gegen 20 Uhren im Wohnzimmer, und viele weitere warteten auf dem Dachboden sorgsam verpackt auf einen Auftritt.

In schlaflosen Nächten sass E.M. viele Male in der Stube. «Ich versank in meinen Gedanken und war froh, dass mir die Uhren immer wieder sagten, ‹wir sind auch noch da›.» Es gab aber auch Zeiten, in denen er nach Ruhe suchte: Wenn bei seiner Frau wieder ein Spitalaufenthalt nötig wurde, stellte er die Uhren ab. «Ich fühlte mich sehr einsam, wenn sie weg war, da vertrug ich kein Orchester.» Immer öfter musste E.M. den Hausarzt rufen, weil seine Partnerin die Schmerzen nicht mehr ertrug. Herz, Rücken, Kopf – alles war überempfindlich geworden. Fragen gab es viele, Antworten zur Ursache blieben aus.

1968 waren sie sich in einem Tanzlokal begegnet. E.M nahm seinen Mut zusammen und forderte die in seinen Augen «mit Abstand hübscheste Dame» zum Walzer auf. Morgens um vier Uhr, nachdem er sich mit einer Mehlsuppe gestärkt hatte, wusste er:

E.M.: «Ohne meine Frau hatte ich das Gefühl von wahnsinnniger Hilflosigkeit.»

«Das ist meine Frau.» 34 Jahre später sagt er: «Sie war nicht nur wunderschön, sondern auch sehr intelligent, hatte Charisma und einen guten Umgang. Das ganze Drum und Dran stimmte. Besser kann die Chemie nicht sein.» Sie wurde zum Zentrum seines Lebens; ihre Verbindung bezeichnet er als «sehr eng und vernetzt». Jeden seiner zahlreichen Briefe an sie begann er mit den Worten «carpe diem». Pflücke den Tag! Daran haben sich beide gehalten. Die erste Tochter kam zur Welt, bald darauf die zweite; jede freie Minute verbrachte er mit ihnen, was ihm die selbstständige Arbeit im Familienunternehmen ermöglichte. Mit seiner Frau teilte er die Passion für Antiquitäten, die beiden reisten an Messen, zu Trödlern, auf Märkte und freuten sich, wenn sie wieder ein Stück heimbringen konnten, das er restaurierte und für das sie im alten Riegelhaus oder dem Tessiner Feriendomizil einen passenden Platz suchte. «Unser Glück war uns stets bewusst.» Unzählige Stunden arbeiteten die beiden im Garten, und abends, bei einer Flasche Wein und Salami, freuten sie sich «wie kleine Kinder darüber, was wir zusammen geschafft hatten». Auf dem über 30-jährigen gemeinsamen Lebensweg sei Streit ein Fremdwort gewesen. «Einer von uns merkte immer früh genug, wenn ein Gewitter nahte, und schlug vor, miteinander zu reden.» Kurz darauf habe sich das Unwetter jeweils verzogen.

Eines Tages bekamen die Beschwerden seiner Frau den Namen Blutkrebs. Es folgten Chemotherapien, eine Gentherapie – und der Umzug in eine rollstuhlgängige Wohnung. Für wenige Monate gelang ihr nochmals, am Leben teilzunehmen und sich an den Enkelkindern zu freuen. Was seiner Frau bewusst war, wollte E.M. aber nicht wahrhaben: Die Krankheit ist unheilbar. Er hielt sich an jedem Strohhalm und liess keinen Hoffnungsschimmer vorbeiziehen. Heute schüttelt er den Kopf: «Wie naiv ich war! Alle wussten, dass es aufs Ende zuging, nur ich wollte es einfach nicht sehen.» Als «fehlgesteuert» beschreibt er rückblickend seine Haltung; dass seine Frau die letzten Monaten auf einer Palliativabteilung verbrachte, erklärte er sich beispielsweise damit, dass dort speziell gute Therapeuten um ihre Genesung besorgt gewesen seien.

In Littenheid holt er eines Tages Fotos aus seinem Zimmer. In einer Zeitung versteckt, trägt er sie durch die Station ins leere Raucherzimmer. Sorgsam legt er drei Bilder nebeneinander. Es sind Aufnahmen, die den Zerfall einer attraktiven Frau zeigen. Auf dem kleinsten Bild ist der Körper in sich gesunken, und der Blick wirkt müde. «Erst viel später erkannte ich, wie krank sie war», sagt E.M.

Für die letzten Minuten, die sie zusammen erlebten, ist er dankbar. Sie war aus dem Spital nach Hause entlassen worden, und eines Abends, kurz vor Mitternacht, rief die Spitex-Schwester E.M. ins Zimmer und liess das Paar alleine. Seine Frau, die zuvor nicht mehr bei Bewusstsein gewesen sei, habe plötzlich die Arme ausgebreitet, seinen Kopf zu ihr gezogen und sei lange so verharrt. Dann habe sie die Hände sinken lassen und sei für immer eingeschlafen. Nach ihrem Tod holte ihn eine wahnsinnige Enttäuschung ein – im wahrsten Sinne des Wortes: Die nicht aufhörende Trauer raubte ihm seine Sinne, und er realisierte, dass er sich selbst über Monate getäuscht hatte. Mit ihrem Lebensende waren auch die letzten Hoffnungsschimmer verschwunden, an denen er über Monate Halt gefunden hatte. Nun stand er vor dem Nichts. Und das Nichts wurde immer grösser; die Lücke, die seine Frau hinterlassen hatte, wuchs zunehmend. «Warum lässt Gott so etwas zu?», habe er sich immer wieder gefragt. «Ich suchte nach Antworten, doch ich bekam keine. Es geschah einfach nichts.» Heute weiss er, dass er unter Schock stand. An manches, das in diesen Tagen geschah, hat er keine Erinnerung mehr, anderes brachte er damals durcheinander. Zu gewissen Zeiten lag die einzige Hilfe darin, sich morgens zum Gang ins Büro zu zwingen und Administratives zu erledigen. Mit aller Kraft kämpfte er gegen drohende Pendenzen. Jeder Handgriff kostete ihn aber extreme Mühe, und nach einigen Wochen realisierte er, dass er für das meiste doppelt so lange wie früher brauchte und anderes gar nicht mehr erledigen konnte. Manches Mal sei ihm durch den Kopf gegangen: «Wenn ich angestellt wäre, würde der Chef jetzt kommen und sagen: ‹so nicht!›»

«Ich wünsche mir eine Zukunft voller Lebensfreude und voller Erinnerungen. Auf diese möchte ich nicht verzichten, auch wenn sie schmerzhaft sind.»

Seine Mitmenschen redeten an eine Wand, niemand kam mehr an ihn heran, auch seine Töchter nicht. Er zog sich immer stärker zurück, litt parallel aber an seiner Einsamkeit und dem Gefühl, an allem schuld zu sein. «Ohne meine Frau hatte ich das Gefühl von wahnsinniger Verlorenheit und Sinnlosigkeit.» Das Alleinsein machte ihm vor allem abends zu schaffen, wenn er von der Arbeit heimkam und ihn zu Hause niemand empfing, sowie an den Wochenenden, die jeweils als unheimliche Löcher vor ihm lagen. Den Haushalt besorgte ihm eine ehemalige Bekannte, fürs Kochen aber wollte er selbst zuständig sein. «Dabei habe ich zwei linke Hände; ich bin komplett hilflos», kommentiert er rückblickend seinen Entschluss. Zu Beginn ass er mittags auswärts, dann habe er sich gedacht, dass ein Stück Brot und etwas Roastbeef genügen. Mit jeweils guten Vorsätzen gekaufte Sandwichs lagen tags darauf aber stets unberührt im Abfall. Statt zu essen, widmete er sich zunehmend dem Alkohol, dem «kleinen Freund», so E.M. «Doch nach kurzer Zeit ist der kleine Freund zum grossen Feind geworden.» Zu Beginn half ihm der Wein, das Gefühl von Einsamkeit zu überdecken. Doch bald schon hatte er ihm seine letzten Kräfte geraubt. E.M. machte kaum mehr einen Schritt vor die Türe. Seinen Hund musste er schliesslich einer Nachbarin geben, weil er sich auch zu kleinsten Touren nicht mehr aufraffen konnte, und Einladungen der Töchter sagte er kurz vorher jeweils ab. Innerhalb weniger Monate hatte er 18 Kilogramm abgenommen, alle paar Tage stanzte er in den Gürtel ein neues Loch. Mehrfach stürzte er beim Aufstehen und musste Wunden nähen lassen. «Ich war in einem desolaten Zustand und stand kurz vor dem Kollaps. Das aber wollte ich meinen Töchtern, meinen Freunden und dem Geschäft nicht antun.»

Es kam der Tag, an dem sich E.M. an den mehrfach geäusserten Rat seines langjährigen Freundes und Hausarztes erinnerte, sich in einer Klinik behandeln zu lassen. Er packte den Koffer und liess sich nach Littenheid bringen. In seiner Phantasie sah er sich zehn Tage später wieder heimfahren: «Ich dachte: ‹Ruck, zuck, rein und wieder raus.›» Zwei Monate darauf ist er stolz, was in den vergangenen Wochen geschehen ist. Dass sich seine Seele in so kurzer Zeit wieder «aufgerappelt» habe, bezeichnet er als «besonderes Erlebnis»; er spricht von einer «Neugeburt». Mit Hingabe bearbeitete er in der Ergotherapie einen Stein so lange, bis eine perfekt geformte Kugel in seiner Handfläche lag. Er will sie aufs Grab seiner Frau legen – glatte, runde, sanfte Formen habe sie besonders gemocht. Das Bearbeiten von Speckstein hat E.M. so begeistert, dass er sich in seinem Keller einen eigenen Arbeitstisch einrichten möchte. Auch die Musiktherapie wird ihm in Erinnerung bleiben. Oft habe er dort «zünftig auf die Pauke gehauen». Noch Wochen später kann er es kaum fassen: «Ich und Musik – es ist nicht zu glauben!» In den ersten Wochen berührte er das Trommelfell nur sanft. Irgendwann aber habe er mit «ganzer Energie und voller Lebensfreude» losgeschlagen. «Ohne Littenheid wäre ich zugrunde gegangen», glaubt er am Tag vor seinem Austritt. Menschen, die ihm nahestehen und denen er vertraut, hat er erzählt, wo er die vergangenen Wochen verbracht hat. Und jenen, die seltsam reagierten, habe er erklärt, dass sie «offenbar eine Bildungslücke haben». Einige Male konnte er sich nicht verkneifen, ihnen zu raten, sich mit der Thematik einmal eingehender auseinanderzusetzen – «für den Fall der Fälle sozusagen».

Seinen Hund munterte E.M. kurz vor Klinikaustritt auf: «Zusammen schaffen wir das.»

Er weiss, dass er seine Zukunft gut strukturieren muss, um nicht erneut in ein Loch zu fallen. Zudem wird er akzeptieren müssen, dass es ein Leben nach dem Ableben seiner Frau gibt. «Ich habe mir einiges einfallen lassen, um mich nicht allein zu fühlen», verkündet er am letzten Tag in der Klinik. Er überlegt sich, ein Generalabonnement zu kaufen und die Schweiz durchs Zugfenster zu erkunden. Vielleicht schreibt er sich in einem Golfklub ein und restauriert wieder antike Möbel. Ein Kollege hat ihn überredet, im Chor die Tenöre zu unterstützen. Überhaupt will er sich wieder um seine Freunde kümmern und dort anknüpfen, wo der Faden nach dem Tod seiner Frau gerissen ist. Er ist sich bewusst, dass er Menschen um sich herum braucht, vor allem solche, die bereit sind, «in Zeiten der Not ein SOS-Signal zu empfangen und über Häfen verfügen, in die ich mit meinem Schiffchen hineinsteuern kann». Sie alle will er mit den Kenntnissen aus der Littenheider Kochgruppe überraschen; mit Riz Casimir oder Forellenfilet in Butter – «das ist gar nicht so eine Hexerei», weiss er heute. Und seinen Hund, den er sich tageweise zurückholen wird, munterte er kürzlich auf: «Zusammen schaffen wir das.»

«Ratschläge sind meist Schläge.»
Gedanken von Jokica Vrgoc-Mirkovic, Leitende Ärztin in Littenheid und E.M.s Therapeutin:

«Im Alter von 63 Jahren erkrankte E.M.s Ehefrau an Krebs und starb im Herbst 2004. Bis zu ihrem letzten Atemzug glaubte E.M., dass man ihr helfen könne. Seine Trauer hörte nicht auf, sondern wurde immer stärker. Er hatte keinen Appetit mehr, verlor zunehmend an Gewicht, und seine Antriebslosigkeit wie auch seine Hilflosigkeit und Erschöpfung nahmen zu. Er strengte sich sehr an und ging jeden Tag in seine Firma arbeiten, die jetzt aber aufgelöst wird. Dabei stand er kurz vor der Pensionierung und hatte sich vieles ganz anders vorgestellt. So hatte er geplant, mit seiner Frau das Leben zu geniessen, die Sommermonate künftig im Tessiner Ferienhaus zu verbringen und vermehrt für die Kinder seiner beiden Töchter da zu sein. Doch jetzt sah alles anders aus. Die Appetitlosigkeit und die daraus entstandene mangelnde Ernährung führten zu einer weiteren Verschlechterung der körperlichen Verfassung. Über Jahre schon litt E.M. an hohem Blutdruck, nun kam es zu Blutdruckschwankungen und tiefen Blutdruckwerten, die Schwindel auslösten. Abends einige Gläser Wein zu trinken, half kaum und vertrug sich auch mit den verordneten Psychopharmaka nicht. Bei einem Nachtessen im Restaurant wurde ihm so schlecht, dass er ein Taxi bestellen musste. Nachdem er zu Hause vor der Tür stürzte, rief eine Nachbarin eine seiner Töchter um Hilfe. Zum Arzt aber wollte E.M. zu Beginn nicht, das gab ihm das Gefühl von noch grösserer Hilflosigkeit und Verunsicherung.

In der dann einmal wöchentlich stattfindenden ambulanten Sprechstunde bei uns in Littenheid war die Verschlechterung der psychischen Verfassung nicht zu übersehen; ich musste E.M. schliesslich mitteilen, die Verantwortung für die Fortsetzung der ambulanten Behandlung nicht mehr tragen zu können. E.M. war einverstanden, stationär in die Klinik einzutreten, wollte zuvor jedoch telefonisch mit seinen Töchtern Kontakt aufnehmen. Beide waren über diesen Schritt froh und dankbar, weil sie nicht mehr wussten, wie sie ihrem Vater noch helfen konnten.

Depressionen sind die häufigste psychische Störung bei alten Menschen. Ältere Menschen sind unzähligen Verlustsituationen ausgesetzt; etwa dem Tod des Partners, dem Wegzug der Kinder, der Pensionierung, dem Auszug aus dem eigenen Haus. Solche Verlustereignisse sind regelmässig als Auslöser von ersten depressiven Episoden auszumachen. Von einer abnormen Trauerreaktion wird gesprochen, wenn die Trauer verschärfte

Züge zeigt. Der Betroffene wird von Selbstzweifeln wegen eines angenommenen oder tatsächlichen Versäumnisses gequält, er zieht sich zurück, reagiert verbittert und auf die Hilfe seiner Angehörigen häufig ablehnend. Gerade älteren Menschen hilft es, wenn ihnen der normale Ablauf eines Trauerprozesses erklärt wird. In der psychiatrischen Terminologie ist der Übergang von einer abnormen Trauerreaktion zu einer reaktiven Depression fliessend. Selbst wenn streng zwischen Trauer und Depression unterschieden werden muss, kann das Wissen um die oft mehrmonatige Beeinträchtigung während eines normalen Trauerprozesses die hohen Ansprüche eines Depressiven an sich selbst herabsetzen. Der Verlust von Objekten hat auf das Selbstwertgefühl grossen Einfluss und hinterlässt oft eine Leere, die nur mühsam mit andern Inhalten gefüllt werden kann.

Psychotherapeutische Begleitung im Alter galt über viele Jahre als nicht möglich. Erst in den letzten 20 Jahren wurde die Haltung revidiert und eine solche Behandlung im Alter als möglich, sinnvoll und dringend angezeigt. Oft haben gerade Menschen höheren Alters das Bedürfnis, Konflikte zu klären. Was depressive Menschen brauchen, ist weder Belehrung noch Vertröstung, weder Aufmunterung noch Kritik. Ratschläge sind meistens Schläge. Depressive brauchen Verständnis für ihre Situation, Anerkennung in ihrem Ringen und Hoffnung auf ein Leben ohne Depression. Selbstverständlich benötigen schwer Depressive in der Regel auch eine gezielte medizinische Therapie. Die Hauptschwierigkeit im Zusammenleben mit Depressiven liegt darin, dass sie den Glauben an sich selbst verloren haben, dass sie hoffnungslos sind und dass sie Liebe weder andern zeigen noch selber fühlen können. So löst das Begleiten von Depressiven über lange Strecken Hilflosigkeit, Ärger und Enttäuschung aus. ‹Lerne, mit dem Schmerz zu denken› – diese paradox erscheinenden Worte finden sich in einem Buch des französischen Autors Maurice Blanchot zum Holocaust. Der psychische Schmerz der Depression kann grausam sein. Er geht mit einer Blockade einher, die den Fluss des Denkens und die Entschlussfähigkeit beeinträchtigt. Trotzdem ist Blanchots Satz oft das Einzige, was Depressiven und ihren Mitbetroffenen bleibt. Darum geht es auch bei E.M.: Die Trauer zuzulassen. Der Tod stellt sein gesamtes Lebenskonzept nochmals in Frage. Er verlangt eine Neuorientierung und eine Sinngebung, setzt aber das Annehmen dieser Schmerzen voraus.»

Die häufigsten psychischen Erkrankungen

Von Markus Binswanger
Chefarzt von Littenheid – Klinik für Psychiatrie und Psychotherapie

Krankheitsdiagnostik und -klassifikation sind in der gesamten Medizin abhängig vom jeweilig aktuellen Wissensstand. Erkenntnisse von heute können die Irrtümer von morgen bedeuten. Somit sind diagnostische Konzepte immer im Fluss. Im Vergleich mit andern Fächern stellen sich in der Psychiatrie verschiedene zusätzliche Probleme. Bis anhin ist es nur ansatzweise möglich, klar umschriebene psychische Störungsbilder zu identifizieren und voneinander abzugrenzen. Meistens bestehen bei psychiatrischen Erkrankungen Überschneidungen und komplexe Einflussfaktoren, sodass die Einteilung einzelner Krankheiten nach deren Ursachen nicht – wie sonst in der Medizin – möglich ist. Auch stellen sich häufig Schwierigkeiten in der Abgrenzung von gesunden und kranken Phänomenen. Wie können psychiatrische Störungen mit Krankheitswert eingegrenzt werden? Unter welchen Umständen sind besondere psychische Ausdrucksformen und Verhaltensweisen als Variationen der Norm und somit nicht als krank zu betrachten?

Ein bedeutendes Problem im Umgang mit psychiatrischen Krankheitsbegriffen ist die damit verbundene Stigmatisierungsgefahr. Viele der zur Anwendung gelangenden Diagnosen sind – bewusst oder unbewusst – mit negativen Vorurteilen konnotiert, was sich für die betroffenen Patienten und ihre Angehörigen, aber auch für die Psychiatrie als Ganzes folgenschwer auswirken kann. Im Gegensatz dazu stehen Krankheitsbezeichnungen, welche in Mode sind und gleichsam den Zeitgeist widerspiegeln (z.B. Burn-out). Ihr Gebrauch verspricht den Betroffenen bessere Akzeptanz und vermehrtes Verständnis. Soll nun der Verwendung solcher weniger stigmatisierenden Diagnosen – im Interesse des Patienten – der Vorzug gegeben werden?

Auch in der Zusammenarbeit mit Kostenträgern spielt die Praxis psychiatrischer Diagnostik eine wichtige Rolle. Hier geht es in erster Linie um Fragen des Persönlichkeitsschutzes. Angesichts der im psychiatrischen Alltag ausgetauschten sensiblen Daten ist die korrekte Einhaltung des Berufsgeheimnisses gegenüber Krankenkassen und Versicherungen unabdingbar, vor allem auch in der Weitergabe differenzierter diagnostischer und somit auch prognostischer Angaben. In neuster Zeit werden einzelne psychische Erkrankungen (z.B. Sucht, Suizidhandlungen) von bestimmten Kassenleistungen ausgeschlossen und betroffene Patienten diskriminiert. Wie soll in der diagnostischen Praxis mit diesem Spannungsfeld umgegangen werden?

Eine seit vielen Jahren geäusserte und zeitweilig heftig vorgetragene Kritik an der gängigen psychiatrischen Klassifikation bemängelt, dass diese der Einmaligkeit des einzelnen betroffenen Menschen zuwiderlaufe. Aus dieser Perspektive droht in der Anwendung allgemeiner diagnostischer und klassifikatorischer Prinzipien die Gefahr, individuelle Besonderheiten zu nivellieren und subjektives Krankheitserleben zu vernachlässigen. Was ist davon zu halten? Dient ein Verzicht auf Krankheitseinteilung und Diagnosestellung tatsächlich den Betroffenen und ihrer Behandlung?

Der nachfolgende Anhang mit der Beschreibung der wichtigsten psychiatrischen Störungsbilder versucht, den erwähnten Besonderheiten Rechnung zu tragen. Aufbauend auf der Internationalen Klassifikation psychischer Störungen (ICD-10 International Classification of Deseases) der Weltgesundheitsorganisation WHO werden viele der in den vorangehenden Patientenporträts geschilderten psychischen Symptome und Beschwerden aufgenommen und störungsbezogen erläutert. Auf einen engen Bezug zu den aufscheinenden Lebens- und Krankengeschichten wird dabei verzichtet. Der Anhang möchte vielmehr dem interessierten Leser, der interessierten Leserin eine grundsätzliche Orientierungshilfe für Fragen zur psychischen Gesundheit und Krankheit anbieten.

Der Gefahr allzu starrer Klassifizierung wird dabei immer wieder mit kontroversen Betrachtungs- und Erklärungsmodellen sowie dem Hinweis auf die Fülle ungesicherten Wissens in Psychiatrie und Psychotherapie begegnet. Besonderes Augenmerk wird auf die Vielfalt wirksamer ambulanter und stationärer Behandlungsmöglichkeiten gelegt. Wenn Betroffene und ihre Angehörigen dadurch ermutigt werden, ihr Schicksal selber in die Hand zu nehmen, ist viel erreicht.

Demenz (ICD-10 F0)

Definition

Der Begriff steht für eine grosse, heterogene Gruppe von Erkrankungen, bei denen Schädigungen und Zerstörungen von Nervenzellen zur Abnahme von Gedächtnis und Denkvermögen führen. Der Verlauf ist chronisch oder fortschreitend. Betroffen sind unterschiedliche Funktionen wie Orientierung, Sprache, Auffassung oder Lern- und Urteilsfähigkeit, was den Alltag der Patienten stark beeinträchtigt. Verschlechterungen der emotionalen Kontrolle, der Motivation und allgemein des Sozialverhaltens stellen für die Umgebung häufig eine grosse Belastung dar.

Häufigkeit

Demenz ist grundsätzlich eine Erkrankung des höheren Lebensalters. Das Risiko, an einer Demenz zu leiden, steigt mit zunehmendem Alter: Bis zum Alter von 65 Jahren liegt es unter einem Prozent, mit 70 Jahren bei etwa zwei Prozent und mit 75 Jahren bei etwa fünf Prozent. Bei über 75-Jährigen steigt die Erkrankungswahrscheinlichkeit steil an. Bei den über 90-Jährigen dürfte jeder Zweite bis Dritte von dieser Krankheit betroffen sein. In der Schweiz leiden heute rund 85 000 Menschen an einer demenziellen Hirnkrankheit. Aufgrund der demografischen Entwicklung ist die Tendenz steigend, und die gesellschaftliche und volkswirtschaftliche Bedeutung nimmt weiter zu.

Ursachen

Der Entstehungsprozess der meisten demenziellen Erkrankungsformen ist noch unklar. Die Alzheimer-Krankheit ist die häufigste Ursache und liegt rund der Hälfte aller Fälle zugrunde. Die nächsthäufigen Ursachen sind degenerative Veränderungen der Hirngefässe, welche zu Durchblutungsstörungen oder gar zu Hirnschlag führen können. Verschiedene weitere Grunderkrankungen, wie Parkinson und Aids, können ebenfalls demenzielle Symptome zur Folge haben.

Symptome

Eine harmlose Altersvergesslichkeit liegt vor, wenn gelegentlich Namen oder Telefonnummern vergessen und erst später wieder erinnert werden. Demenzkranke hingegen vergessen häufig wichtige Ereignisse und erinnern sich später nicht mehr daran. Zuerst ist das Kurzzeitgedächtnis betroffen, erst später gehen Erinnerungen an länger zurückliegende Erlebnisse und früh Erlerntes verloren. Häufig ist der Beginn schleichend und bleibt von den Betroffenen sowie der Umgebung lange Zeit unbemerkt, entsprechend spät erfolgt die anspruchsvolle Diagnosestellung. Demenz bedeutet indessen weit mehr als eine isolierte

Gedächtnisstörung. Vielfältige kognitive Einbussen können die intellektuelle Leistungsfähigkeit umfassend herabmindern sowie in fortgeschrittenem Stadium auch die Aktivitäten des täglichen Lebens wie Ankleiden, Körperpflege und Ausscheidungsfunktionen massiv beeinträchtigen. Persönlichkeits- und Verhaltensveränderungen stellen zusätzlich besondere Herausforderungen an Therapie und Betreuung.

Therapie

Therapeutische Massnahmen, welche eine Demenzerkrankung verhindern oder gar heilen, existieren heute noch nicht. Die inzwischen zur Verfügung stehenden Medikamente – sogenannte Antidementiva – können jedoch zur Milderung der Symptome und zur Verlangsamung des Krankheitsverlaufes beitragen und dadurch die Notwendigkeit eines Heimeintritts hinausschieben. Auch lassen sich durch Demenz bedingte Verhaltensstörungen mittels moderner Psychopharmaka erfolgreich beeinflussen. Wichtig sind zudem frühzeitige Beratungen sowie Hilfs- und Entlastungsangebote für Angehörige. Derartige medizinische und psychosoziale Massnahmen ermöglichen eine längere Selbstständigkeit der Betroffenen im Alltag, verringern die Belastungen der Betreuer und verbessern gleichermassen die Lebensqualität von Kranken sowie deren Angehörigen und Bezugspersonen.

Verlauf / Heilung

Die meisten Demenzformen können – trotz fehlenden Heilungsmöglichkeiten – im Frühstadium positiv beeinflusst werden, darum ist eine rechtzeitige und umfassende Diagnostik von grosser Bedeutung. Der Hausarzt kann zur Bestimmung der kognitiven Grundfunktionen zunächst einfache Tests einsetzen und internistisch-neurologische Abklärungen durchführen. Stellt sich dabei der Verdacht auf eine beginnende Demenz ein, sollte unbedingt eine Überweisung an Spezialisten (Memory-Klinik) erfolgen. Einige Erkrankte realisieren ihre Gedächtnisdefizite kaum, andere indessen schon sehr früh. Letztere bemühen sich aber nicht selten, diese zu verdrängen oder zu überspielen, was die Diagnosestellung erschwert. Manche Betroffene leiden unter Beeinträchtigungen des Selbstwertgefühls sowie Depression und Resignation. Die unhaltbare Tatsache, dass heute nur jede zweite Demenzerkrankung erkannt und abgeklärt wird, führt dazu, dass weder Betroffene noch Angehörige von hilfreichen ambulanten und stationären Unterstützungsangeboten Gebrauch machen können. Eine frühzeitige Diagnose demenzieller Symptome sichert eine optimale medizinische Behandlung und Beratung und ermöglicht den Beteiligten, dieses einschneidende Krankheitsschicksal zu akzeptieren und zu bewältigen.

Abhängigkeitserkrankungen (ICD-10 F1)

Definition

Bei stofflichen Abhängigkeitserkrankungen – der Begriff ist weitgehend identisch mit demjenigen der Sucht – handelt es sich um ein zwanghaftes Bedürfnis, eine bestimmte Substanz zu konsumieren. Es wird zwischen psychischer und physischer Abhängigkeit unterschieden: zwischen dem unwiderstehlichen Verlangen, eine Substanz immer wieder einzunehmen, und der körperlichen Abhängigkeit, die durch Dosissteigerung, das Auftreten von Entzugserscheinungen und die verminderte Kontrolle über die Einnahme gekennzeichnet ist. Abhängig machen zahlreiche legale und illegale Drogen. An erster Stelle steht die Nikotinabhängigkeit; es folgen Abhängigkeit von Alkohol, Schmerzmitteln, Beruhigungsmitteln, Schlafmitteln, Opiaten (Heroin, Methadon, Opium), Kokain, Cannabis/Marihuana, Hallizunogenen (z.B. LSD), Amphetaminen (z.B. Speed), organischen Lösungsmitteln und modernen Designerdrogen (z.B. Ecstasy). Neben substanzinduzierten Abhängigkeitserkrankungen existieren auch solche nichtstofflicher Art, wie etwa Spiel-, Internet- und Fernsehsucht. Bei einer Abhängigkeit von mehreren Suchtmitteln spricht man von Polytoxikomanie.

Häufigkeit

Fünf bis sieben Prozent der Bevölkerung leiden unter einer Abhängigkeitserkrankung. Die tatsächlichen Zahlen dürften allerdings höher sein, weil von einer grossen Dunkelziffer ausgegangen werden muss. Unter den Alkohol- und Drogenabhängigen finden sich mehr Männer, wohingegen Frauen häufiger Medikamentenmissbrauch betreiben. Während illegale Drogen überwiegend von 14- bis 30-Jährigen konsumiert werden, treten Medikamentenabhängigkeiten am häufigsten zwischen dem 40. und 50. Lebensjahr auf. Ein Viertel aller Alkoholabhängigen unternimmt einen Suizidversuch. Abhängigkeitserkrankungen sind häufig von zusätzlichen psychiatrischen Störungen begleitet – am meisten von Depressionen und Angsterkrankungen. In diesen Fällen werden Suchtmittel oft im Sinne eines Selbstbehandlungsversuches eingesetzt.

Ursachen

Einheitliche psychologische Entstehungsbedingungen von Abhängigkeitserkrankungen existieren ebenso wenig wie eine spezifische «Suchtpersönlichkeit». Heute wird vielmehr von einem umfassenden bio-psychosozialen Krankheitsmodell ausgegangen. Die Gefahr einer Abhängigkeit hängt unter anderem von bestimmten Merkmalen des Suchtmittels ab; zum Beispiel davon, wie leicht dieses verfügbar ist, und nicht zuletzt von der Art der

Substanzwirkung. Auf Patientenseite lassen sich vielfältige Risikofaktoren eruieren: Zum einen wird eine familiäre Häufung von Abhängigkeitserkrankungen beobachtet (genetischer Aspekt), andererseits spielt die individuelle Lerngeschichte eine grosse Rolle (Umgang mit Alkohol und Drogen in der Familie und in der Gesellschaft). Zu Beginn der Suchtentwicklung sind manchmal spezifische Konflikt- und Belastungssituationen wirksam, welche in der Folge aber von der Eigendynamik der Substanzeinnahme häufig überlagert werden.

Symptome

Die Erscheinungsformen von Abhängigkeitserkrankungen sind – je nach Verlaufsform – sehr unterschiedlich, die Palette körperlicher, psychischer und sozialer Störungen ist dementsprechend gross. Häufig findet sich eine zugrunde liegende depressive Symptomatik mit Interessenverlust, Stimmungsschwankungen sowie ängstlicher Unruhe, innerer Nervosität und Schlafstörungen. Von besonderer Bedeutung sind Schuld- und Schamgefühle. Körperliche Symptome zeigen sich unter anderem im Sinne von Schwitzen, Übelkeit, Magenschmerzen, Gewichtsverlust und neurologischen Ausfällen. Unter einer regelmässigen Substanzeinnahme leidet praktisch der gesamte Organismus, und es manifestieren sich vielfältige Begleiterkrankungen. Typisch sind zunehmende Leistungseinbussen bis hin zu massiven Einschränkungen der intellektuellen Funktionen sowie auch Veränderungen der Grundpersönlichkeit. Als soziale Folgen können Beziehungsprobleme mit Gewaltanwendung, Verschuldung, Arbeitslosigkeit und Delinquenz auftreten – Faktoren, welche ihrerseits eine weitere Suchtdynamik entfalten und in der Therapie besonders berücksichtigt werden müssen.

Therapie

Es gibt eine Reihe von Grundsätzen in der Behandlung von Abhängigkeitserkrankungen, welche bei verschiedenen Verlaufsformen resp. Substanzgruppen gleichermassen Gültigkeit haben: Frühinterventionen bei schädlichem Gebrauch, wenn noch keine Abhängigkeit besteht, sind bei noch echter Motivation zur Veränderung am Erfolg versprechendsten. Bei etablierter Suchtentwicklung ist eine qualifizierte körperliche Entgiftung mithilfe von Medikamenten im stationären Rahmen häufig unerlässlich. Manchmal bedarf es des äusseren Druckes als Voraussetzung zum Motivationsaufbau für eine Therapie. Entwöhnungsbehandlungen in einer geschützten Institution sind bei langjähriger Abhängigkeitsentwicklung dem ambulanten Rahmen deutlich überlegen. Auswirkungen der Erkrankung auf die verschiedenen Lebensbereiche sind in der Behandlungsplanung besonders zu berücksichtigen, das heisst vor allem Angehörige und allenfalls Arbeitgeber mit einzubeziehen. Gruppentherapeutische Verfahren sind in der Suchttherapie ebenso Erfolg versprechend wie verschiedene Ansätze der Selbsthilfe. Im Zentrum der langfristigen Behandlung steht die Rückfallprophylaxe. Besonderes therapeutisches Augenmerk verlangen Patienten mit einer sogenannten Dualdiagnose, bei denen die Abhängigkeitserkrankung von einer weiteren schweren psychiatrischen Störung (z.B. Schizophrenie) begleitet wird.

Verlauf / Heilung

Die Therapie der Abhängigkeitserkrankungen ist in der Regel langwierig, und Perioden der erfolgreichen Abstinenz können immer wieder von Rückfällen unterbrochen werden. Nicht immer ist das Ziel eines substanzfreien Lebensstils realistischerweise erreichbar. Durch geglückte Entgiftung können immerhin viele vorerst unmotivierte Betroffene nächsten Behandlungsschritten zugeführt werden. Die Erfolgsrate einer mehrmonatigen stationären Entwöhnungsbehandlung liegt bei 50 bis 70 Prozent, wobei langfristig eine stabile Besserung bei 30 bis 50 Prozent der Patienten erreicht werden kann. Wie bei der Behandlung anderer komplexer psychiatrischer Krankheitsbilder kann in der Suchttherapie die störungsspezifische professionelle Vorgehensweise wesentliche Voraussetzungen für einen Therapieerfolg schaffen.

Schizophrenie (ICD-10 F2)

Definition

Bei der Schizophrenie handelt es sich um eine relativ häufig auftretende, schwere psychiatrische Erkrankung, welche mit viel Unkenntnis, aber auch Vorurteilen und Ängsten behaftet ist. Der umgangssprachlich häufig genutzte Begriff «schizophren» wird in der Regel mit «Seelenspaltung» assoziiert, was aber das Wesen dieser Erkrankung nur ungenau trifft und zudem diese Patientengruppe stigmatisiert. Schizophrenie meint eine uneinheitliche Gruppe von psychotischen Störungen, welche durch Einbussen der Realitätswahrnehmung sowie Veränderungen von Denken, Fühlen und Handeln charakterisiert ist. Wahnvorstellungen, Halluzinationen (z.B. Stimmen hören) sowie bizarre Verhaltensweisen sind bei diesen Patienten nicht selten eindrückliche Merkmale.

Häufigkeit

Schizophrenien treten weltweit mit nur geringen Häufigkeitsunterschieden bei etwa einem Prozent der Bevölkerung auf. Männer und Frauen sind im gleichen Ausmass betroffen, allerdings erkranken Männer durchschnittlich früher. Der Krankheitsbeginn liegt häufig zwischen der Pubertät und dem 30. Lebensjahr, kann aber auch noch später eintreten. Von den verschiedenen Unterformen ist die sogenannte paranoide Schizophrenie, bei welcher Wahnphänomene vorherrschen, am häufigsten. Ebenfalls häufig ist die Kombination mit Depression sowie schädlichem Substanzgebrauch, Letzteres insbesondere bei jüngeren Patienten. Familiär gehäuftes Auftreten wurde wiederholt beobachtet, was auch auf genetische Entstehungsfaktoren hinweist.

Ursachen

Die genauen Ursachen sind bis heute unbekannt. Grundsätzlich wird davon ausgegangen, dass eine Kombination von biologischen, seelischen sowie psychosozialen Faktoren die Krankheitsmanifestation sowie auch den Verlauf beeinflusst. Die intensive Schizophrenieforschung der letzten Jahrzehnte hat eine Reihe wertvoller Erkenntnisse erbracht, welche für die therapeutische Umsetzung breit genutzt werden. Dies gilt sowohl für ein genetisch-biochemisches Krankheitskonzept als auch für psychologische Erklärungsmodelle. Als besonders hilfreich hat sich das sogenannte Stress-Vulnerabilitätsmodell erwiesen, welches dem Umstand Rechnung trägt, dass schizophren erkrankte Menschen eine niedrige Reizschwelle für alle Arten von Irritationen haben.

Symptome

Schizophreniesymptome sind vielfältig und unterscheiden sich je nach Krankheitsphase und -form. Der Krankheitsbeginn ist häufig schleichend mit unspezifischen Vorzeichen über Monate oder gar Jahre, typische Krankheitsmerkmale zeigen sich manchmal erst im späteren Verlauf. Entsprechend herausfordernd und für die therapeutische Weichenstellung entscheidend ist die Frühdiagnostik. Gewisse Gedächtnisleistungen sowie Orientierung sind zwar intakt, doch zeigen viele Patienten Veränderungen des Denkens, zum Beispiel im Sinne von unlogischen oder gar verschrobenen Gedanken. Das Auftreten von Wahnerlebnissen (Verfolgungs-, Vergiftungs-, Eifersuchtswahn u.ä.) ist im Krankheitsverlauf häufig, ebenso dasjenige von Halluzinationen (z.B. optische und Körperhalluzinationen). Veränderungen im Bereich der Affekte (Depressionen, rascher Stimmungswechsel) und der Motorik (Bewegungsarmut oder -drang) lassen sich ebenfalls immer wieder beobachten. Weitere wichtige Charakteristika sind Ambivalenz (gleichzeitig bestehende gegenteilige Gefühle und Strebungen), autistischer Kontaktverlust mit der Umwelt und Störungen der Erlebnisverarbeitung. Diese komplexen Störungen und Beeinträchtigungen belasten massiv den Beziehungs- und Arbeitsbereich.

Therapie

Schizophren erkrankte Menschen zeigen in der Mehrzahl keine oder nur geringe Krankheitseinsicht, entsprechend anspruchsvoll ist der therapeutische Umgang mit ihnen. Grundsätzlich kann ein Teil der Betroffenen problemlos ambulant durch Haus- oder Fachärzte betreut werden. Bei akuter Behandlungsbedürftigkeit oder Selbstgefährdung sowie bei übergrosser Belastung der Angehörigen ist indessen eine Klinikeinweisung – manchmal gegen den Willen – unumgänglich. Dabei stellen sich heikle ethische und rechtliche Fragen. Inzwischen kann eine breite Palette von hilfreichen Substanzen therapeutisch genutzt werden, deren Wirkungs- und Nebenwirkungsprofil aber sorgsam überwacht werden muss. Neben der Pharmakotherapie mit sogenannten Neuroleptika besteht die Klinikbehandlung aber auch in der Anwendung vielfältiger psychotherapeutischer und sozialtherapeutischer Verfahren und – falls nötig – in rehabilitativen Massnahmen. Dazu gehören in der Nachbehandlung nach Austritt häufig auch die Unterstützung im Arbeitsbereich, zum Beispiel in geschützten Werkstätten, sowie die Betreuung in Tagesstätten oder in Tages- und Nachtkliniken. Ganz besonderen Stellenwert in der Schizophreniebehandlung hat die Angehörigenarbeit: Die nahen Bezugspersonen dieser Patienten spielen im

Krankheitsverlauf eine wichtige, manchmal zentrale Rolle und müssen darum von Anfang an einbezogen, informiert und unterstützt werden. Selbsthilfeorganisationen leisten hier ebenfalls wertvolle Hilfe.

Verlauf / Heilung

Der Krankheitsverlauf bei schizophrenen Psychosen ist besser als früher angenommen, und die Prognose kann bei frühzeitiger zielgerichteter Intervention günstig beeinflusst werden. Entscheidend ist die Frage, ob und wie die Betroffenen und ihre Angehörigen für eine konsequente Therapie und insbesondere Rückfallprophylaxe gewonnen werden können. Trotz allen modernen therapeutischen und rehabilitativen Massnahmen muss aber weiterhin damit gerechnet werden, dass zumindest die Hälfte der betroffenen Patienten einen wellenförmigen oder gar chronischen Verlauf zeigt. Diese Gruppe hat besonderen Anspruch auf eine möglichst gute Lebensqualität durch regelmässige Behandlung und Betreuung. Die Entstigmatisierung der Schizophrenie in der Bevölkerung stellt dafür eine wichtige Voraussetzung dar.

Depression (ICD-10 F3)

Definition

Depression ist eine häufig schwere seelische Krankheit, die seit Jahrtausenden bekannt ist und in allen Kulturen beschrieben wurde. In den westlichen Industrieländern ist die Erkrankungsrate nachgewiesenermassen im Zunehmen begriffen; auch die Weltgesundheitsorganisation WHO rechnet damit, dass Depression eines Tages global das grösste Gesundheitsproblem darstellen könnte. Jeder Mensch kennt Gefühle von Traurigkeit und Niedergeschlagenheit, vor allem nach belastenden Ereignissen. Im Vergleich dazu zeigen depressiv Erkrankte aber Störungen, welche sich von der Trauer deutlich unterscheiden. Auch sind Depressionen meistens von vielfältigen körperlichen Beschwerden sowie zusätzlichen Symptombildungen begleitet. Gedanken an den Tod und Suizidphantasien gehören zudem oft zum depressiven Erleben. Bestimmte Erkrankungsformen können in eine gehobene, euphorische Stimmung – in eine sogenannte Manie – umschlagen. In diesem Fall spricht man von einer bipolaren affektiven Störung. Insgesamt ist das Erscheinungsbild der Depression uneinheitlich und die Diagnose darum manchmal schwierig zu stellen.

Häufigkeit

Fast jeder fünfte Schweizer erkrankt einmal im Leben an einer behandlungsbedürftigen Depression, weltweit leiden daran etwa 340 Millionen Menschen. Frauen sind häufiger betroffen als Männer. In Westeuropa sterben jährlich doppelt so viele Menschen durch Suizid als im Strassenverkehr – mehr als zehn Prozent der schwer Depressiven nehmen sich das Leben. Trotz regelmässiger Aufklärungsarbeit bei Fachpersonen und in der Öffentlichkeit werden im deutschen Sprachraum nicht einmal die Hälfte der betroffenen Patienten in ihrer Erkrankung erkannt und einer Behandlung zugeführt.

Ursachen

Das in der Psychiatrie allgemeingültige bio-psychosoziale Verständnismodell bewährt sich bei depressiven Erkrankungen ganz besonders. Moderne bildgebende Untersuchungsverfahren haben in den letzten Jahren vor allem die naturwissenschaftliche Depressionsforschung bereichert und die Kenntnisse nachhaltig erweitert. Darauf aufbauende biologische Erklärungsansätze führen Besonderheiten im Aufbau und in der Aktivität des Gehirns als mitverantwortlich für Depressionserkrankung an. Es wurde nachgewiesen, dass bei Depressiven jene Regionen des Gehirns, die für die Entstehung positiver Gefühle zuständig sind, weniger Aktivitäten zeigen. Auch Gehirnstrukturen, die die Ausschüttung von Stresshormonen regulieren, sind bei Betroffenen verändert. Zudem sind gewisse Hirnbotenstoffe – sogenannte Transmitter –, die bei der Regulation von Gefühlen eine Rolle spielen, in geringerem Ausmass vorhanden. Zumindest teilweise scheinen auch genetische Faktoren eine Rolle zu spielen, da das Risiko, an einer Depression zu erkranken, bei nahen Blutsverwandten erhöht ist. Die vielfältigen psychologischen Hypothesen zu den Depressionsursachen sind zwar empirisch wenig belegt, für die Therapie aber gleichwohl unverzichtbar. So gehen psychoanalytische Erklärungsansätze davon aus, dass Depression häufig durch Verlusterlebnisse ausgelöst wird und als Regulationsstörung des Selbstwertgefühls zu verstehen ist, der eine fehlverarbeitete, gegen sich selbst gerichtete Aggression zugrunde liegen soll. Verhaltensanalytische Ansätze basieren andererseits auf dem Modell der gelernten Hilflosigkeit, und interpersonelle Theorien beschreiben ungünstige Kommunikationsmodelle in den engsten zwischenmenschlichen Beziehungen als zentral. Schliesslich existieren auch verschiedene sozialpsychologische Ansätze, welche die Zeitkrankheit Depression vor dem Hintergrund aktueller gesellschaftlicher Verhältnisse deuten.

Symptome

An erster Stelle steht bei Menschen mit «typischer Depression» die depressive Stimmungslage im Sinne einer tiefen Bedrücktheit und allgemeiner Freudlosigkeit. Hinzu kommen Interesse- und Energieverlust, eine Verminderung des Antriebs und reduziertes Selbstwertgefühl. Im Gegensatz zu Menschen mit tiefer Traurigkeit sind Betroffene häufig gequält vom Gefühl grosser innerer Leere sowie der Unfähigkeit, überhaupt Gefühle empfinden zu können: Das Leben hat keine Farben mehr, alles ist grau und erstarrt, die Zeit vergeht nur sehr langsam, Schuld-, Versagens- und Angstgefühle machen sich breit. Depressive sind meist in ihrer gesamten Lebensführung erheblich beeinträchtigt und können ihre alltäglichen Aufgaben nur noch mit grosser Mühe bewältigen; Einbussen wie Konzentrations- und Aufmerksamkeitsstörungen verringern zusätzlich das herabgesetzte Selbstvertrauen. Sehr oft sind Schlaf und Appetit gestört. Eine Vielzahl körperlicher Beschwerden wie Druck auf der Brust, Kopf- und Magenschmerzen oder Kreislaufprobleme gehen mit der Krankheit einher. Bestimmte schwere Verlaufsformen sind zusätzlich durch wahnhafte Erlebnisse (z.B. Verarmungswahn) geprägt.

Therapie

Das Schwergewicht der Behandlung bei milderen Depressionsformen liegt in der ambulanten Psychotherapie, durchgeführt durch Psychologen, Haus- oder Fachärzte. Dabei gelangen in erster Linie stützende Verfahren zur Anwendung, bei zugrunde liegendem Konfliktgeschehen sind tiefenpsychologische Ansätze indiziert. Verhaltenstherapeutische Verfahren, welche vor allem auf eine aktivere Lebensgestaltung und den Abbau negativer Denkmuster zielen, haben sich bei dieser Störungsgruppe ebenfalls sehr bewährt. Im Weiteren sollen Betroffene angeleitet werden, wiederkehrende Symptome frühzeitig zu erkennen, um diesen entgegenwirken zu können. Aufklärung und Information über die Erkrankung sind darum ebenso wichtig wie der Miteinbezug von Angehörigen. Die Kombination von Psychotherapie mit Pharmakotherapie zeigt deutlich bessere Wirkung als die Anwendung psychologischer Verfahren alleine und wird darum häufig bei schwereren Verlaufsformen angewandt. Der Einsatz von antidepressiven Medikamenten stellt einen wichtigen Aspekt in der Akutbehandlung dar, allerdings dauert es bis zum Wirkungseintritt in der Regel mehrere Wochen. Entgegen weitverbreiteter Ansicht machen Antidepressiva nicht süchtig, auch sind moderne Präparate relativ nebenwirkungsarm. Eine wichtige medikamentöse Massnahme besteht im Falle von immer wiederkehrenden depressiven Episoden in der Rückfallverhinderung, zum Beispiel als Lithiumprophylaxe. Weitere biologische Therapieverfahren sind Schlafentzug sowie Lichttherapie bei saisonal abhängigen Depressionen. Besteht ernsthafte Selbstgefährdung, oder erweisen sich die ambulanten therapeutischen Massnahmen als ungenügend, ist eine Klinikbehandlung indiziert. Je nach Zustandsbild kommen dafür Depressionsstationen oder psychotherapeutisch spezialisierte Einheiten in Frage. Besteht unmittelbare Suizidgefahr, müssen die Patienten vorübergehend im geschlossenen Rahmen eng überwacht und betreut werden.

Verlauf / Heilung

Die meisten depressiven Krankheitsphasen klingen vollständig ab, der Übergang in einen chronischen Verlauf ist relativ selten. Allerdings besteht ein deutlich erhöhtes Risiko, erneut depressiv zu erkranken. Darum sind Nachbehandlung, gründliche Krankheitsinformation sowie präventive Massnahmen bei dieser Patientengruppe besonders wichtig. Nicht genügend betont werden kann die während der ganzen Erkrankungsdauer immer bestehende Suizidgefahr. Verschiedene Kampagnen (z.B. Bündnis gegen Depression, Ipsilon) haben landesweit das Ziel, die hohen Suizidraten in der Schweiz, insbesondere bei Jugendlichen, zu senken.

Angst- und Panikstörung (ICD-10 F40, F41)

Definition

Angst ist eine im Menschen festgelegte gefühlsmässige Reaktion auf Gefahr und hat die Funktion eines «biologischen Alarmsystems». Sie übernimmt – ähnlich dem Schmerz – eine wichtige Schutz- und Überlebensfunktion und entspricht andern Gefühlen wie Freude, Wut oder Trauer. Angst wird erst dann als Krankheit angesehen, wenn sie grundlos, das heisst ohne Bedrohung auftritt, lange anhält und zu Vermeidungsverhalten führt. Zu den Angstkrankheiten zählen zum einen die attackenartig auftretende Panikstörung sowie die generalisierte Angststörung, zum andern verschiedene Formen von sogenannten Phobien.

Häufigkeit

Angst ist eine der häufigsten psychischen Störungen, welche ganz verschiedene Ausprägungsformen zeigt und nicht selten in Kombination mit andern psychischen Erkrankungen auftritt, beispielsweise mit Depression oder Sucht. Am häufigsten sind vermutlich die verschiedenen Phobien, gefolgt von den generalisierten Angststörungen, welche bei fünf bis zu zehn Prozent der Bevölkerung auftreten sollen. Panikstörungen kommen demgegenüber relativ selten vor – bei etwa zwei Prozent der Bevölkerung –, sind aber für die Patienten sehr folgenschwer. Frauen sind häufiger betroffen als Männer. Der Erkrankungsbeginn liegt meist vor dem 45. Lebensjahr.

Ursachen

Psychoanalytische Ansätze haben bei den früher als Angstneurose bezeichneten Störungen lange Zeit die wichtigsten Erklärungsansätze geliefert. Unbewusste Konflikte zwischen Wünschen und Geboten respektive Verboten führen – dieser Theorie gemäss – zu Kompromiss- respektive Symptombildungen im Sinne von Ängsten und Phobien. Häufig ist dabei der Abwehrmechanismus der «Verschiebung» wirksam, sodass die eigentlichen Angstquellen nicht mehr eruierbar sind. Psychoanalytische Psychotherapie zielt nun darauf ab, den «hinter» der Angst lokalisierten Konflikt bewusst zu machen und dadurch aufzulösen. Moderne kognitive Theorien gehen demgegenüber davon aus, dass bei einzelnen Störungen – beispielsweise bei Panikattacken – ursächlich belanglose Körpersignale fehlinterpretiert werden und dadurch eine eigentliche Angstspirale in Gang kommt. Therapeutisch bauen viele übende Verfahren mittels sogenannter Angst-Expositionen auf einem solchen Ansatz auf. Dabei wird verhaltenstherapeutisch der Angstkreislauf durchbrochen und Angst abbauenden neuen Erfahrungen Raum gegeben. Aus den Erfahrungen der Pharmakotherapie lassen sich ebenfalls wichtige Rückschlüsse über die Natur von Angstkrankheiten ziehen.

Die erfolgreiche Behandlung vieler Erkrankungen mit Antidepressiva bestätigt die schon seit langem vermutete enge Verwandtschaft von Angst und Depression.

Symptome

Panikstörungen sind durch das plötzliche Auftreten intensiver Angst charakterisiert. Innerhalb von Minuten steigert sich – meistens ohne äusseren Anlass – ein subjektiv äusserst bedrohlicher Zustand zur eigentlichen Panik. Die Betroffenen befürchten etwas Katastrophales wie Herzinfarkt, Hirnschlag, Erstickung oder auch «verrückt zu werden». Vielfältige Körpersymptome wie Schweiss, Zittern, Übelkeit, Bauchbeschwerden, Erstickungsgefühle und Herzrasen lassen an eine schwere lebensbedrohliche Erkrankung glauben. Typisch in der Krankheitsentwicklung ist eine zunehmende Erwartungsangst (Angst vor der Angst), sozialer Rückzug und Vermeidungsverhalten sowie vielfältige Arztbesuche oder gar Notfallhospitalisationen. Bei den generalisierten Angsterkrankungen leiden Patienten unter lang anhaltenden, eher diffusen Ängsten, welche sich in motorischer Spannung, unkontrollierter Übererregbarkeit oder auch übermässiger Wachheit bemerkbar machen. Phobien schliesslich sind durch zwanghaft sich aufdrängende Ängste vor bestimmten, eigentlich ungefährlichen Gegenständen oder Situationen geprägt. Solche phobischen Befürchtungen sind beispielsweise Angst vor Erröten (Erytrophobie), vor geschlossenen Räumen (Klaustrophobie), vor weiten Räumen (Agoraphobie), vor dem Fliegen (Aviophobie) oder vor Auftritten in der Öffentlichkeit (Sozialphobie).

Therapie

Nicht jede Angst ist behandlungsbedürftig. Bei milder Ausprägung darf eine zunächst vorübergehende Störung angenommen werden, und es genügen Aufklärung, Beruhigung oder allenfalls die Teilnahme an einer Selbsthilfegruppe. Im Zentrum der Behandlung schwerer Störungen steht eine Kombination von Pharmako- und Psychotherapie, allenfalls ergänzt durch Entspannungstechniken (z.B. Autogenes Training oder Progressive Muskelentspannung). In der kognitiven Psychotherapie werden fehlgeleitete Denkmuster korrigiert. Verhaltenstherapie konfrontiert die Patienten mit real Angst auslösenden Situationen; sie lernen, diese als überwindbar zu gestalten. Bei sehr komplexen Erkrankungen kommen eventuell auch länger dauernde tiefenpsychologische Verfahren in Frage. Die Pharmakotherapie erfolgt mit Antidepressiva, seltener auch mit Beruhigungsmitteln. Meistens führen zeitlich auf wenige Monate begrenzte ambulante Behandlungen bereits zum Ziel. Bei fortgeschrittenem

Krankheitsverlauf und besonders bei begleitender Suchtentwicklung ist unter Umständen eine intensive stationäre Behandlung indiziert. In den letzten Jahren wurden an vielen psychiatrischen Kliniken und Polikliniken spezielle Angstsprechstunden etabliert, wo Betroffene, ihre Angehörigen, aber auch medizinische Personen kompetent beraten werden.

Verlauf / Heilung

Ohne Behandlung neigen schwerere Angsterkrankungen zu Chronifizierung und – im schlimmsten Fall – zu Invalidisierung. Häufig drohen bei den Betroffenen krankheitsverstärkender sozialer Rückzug sowie auch Medikamenten- und Alkoholmissbrauch. Bei Panikstörungen können vorübergehende Stabilisierungsphasen einen hoffnungsvollen Spontanverlauf vermuten lassen, meistens verharrt aber die Erkrankung langfristig in unterschiedlicher Intensität. Auch generalisierte Angststörungen können über viele Jahre bestehen bleiben, zeigen aber insgesamt, auch unbehandelt, weniger berufliche und soziale Beeinträchtigungen. Im Vergleich mit andern psychiatrischen Krankheitsbildern können sowohl die therapeutische Beeinflussbarkeit als auch die Prognose dieser Erkrankungen als relativ gut bezeichnet werden.

Posttraumatische Belastungsstörung (ICD-10 F43)

Definition

Bei der posttraumatischen Belastungsstörung (PTSD) handelt es sich um eine verzögerte Reaktion auf ein belastendes Ereignis, eine Situation aussergewöhnlicher Bedrohung oder katastrophenartigen Ausmasses seelischer und/oder körperlicher Art, die bei fast allen Menschen eine tiefe Verzweiflung hervorrufen würde. Nach der Auftretenshäufigkeit werden zwei Arten von Traumata unterschieden: einerseits ein einmaliges traumatisches Erlebnis (z.B. Überfall, Vergewaltigung, Unfall), andererseits lange andauernde oder wiederholte traumatische Erfahrungen, die häufig bereits in frühen Lebensjahren beginnen (z.B. jahrelanger sexueller Missbrauch oder körperliche Misshandlungen).

Häufigkeit

Ob eine posttraumatische Belastungsstörung auftritt, ist stark von der Art und Intensität des erlebten Traumas abhängig. Es wird geschätzt, dass zwischen 15 und 50 Prozent der von traumatischen Ereignissen Betroffenen nachfolgend ernsthafte Störungen aufweisen. Untersuchungen zeigen zudem, dass Menschen, die nicht nur ein psychisches Trauma erlitten haben, sondern auch körperlich in Mitleidenschaft gezogen wurden, häufiger eine posttraumatische Belastungsstörung aufweisen als Menschen, die «nur» ein seelisches Trauma erlebt haben.

Ursachen

Individuelle Gewalt (z.B. fortgesetzte körperliche Misshandlung), kollektive Gewalt (z.B. Kriegserfahrungen), Naturkatastrophen (z.B. Erdbeben), Technikkatastrophen (z.B. Flugzeugunglück) sowie auch körperliche Extrembelastung (z.B. lebensbedrohliche Erkrankungen) sind von Erlebnissen der Hilflosigkeit, des Kontrollverlusts oder des Entsetzens begleitet. Derartige aussergewöhnliche Erfahrungen können auch bei bis anhin psychisch Gesunden die Abwehrkräfte überfordern und zu heftigen psychischen und körperlichen Reaktionen mit Krankheitswert führen. Im Falle posttraumatischer Belastungsstörung können mit modernen Untersuchungsmethoden typische biologische Veränderungen im Gehirn nachgewiesen werden, welche – zumindest teilweise – die Beschwerden und Symptombildungen vieler Patienten erklären.

Symptome

Als Folge einmaliger traumatischer Erfahrung können sich folgende typische Symptome einstellen: Albträume, ständig wiederkehrende, sich aufdrängende Erinnerungen an das Ereignis, Gefühl des Betäubtseins, Freudlosigkeit, Gleichgültigkeit, Schlafstörungen, Schreckhaftigkeit, Unfähigkeit zur Entspannung, quälende Ängste und Depressionen bis hin zu Suizidgedanken. Noch breiter gefächert sind Symptombildungen bei lange andauernden, respektive wiederholten traumatischen Erfahrungen. Diese Patienten werden häufig in ihrer gesamten Persönlichkeitsentwicklung derart beeinträchtigt, dass die Möglichkeiten zur Selbstbewältigung stark begrenzt sind. Traumaerfahrungen können sich folgenschwer auf verschiedene emotionale Bereiche sowie auf die Lebensführung allgemein auswirken und ebenfalls in gestörtem Körpererleben sowie in körperlichen Erkrankungen niederschlagen. Das Selbstkonzept der Betroffenen ist häufig fundamental erschüttert, die Fähigkeit zur Selbstsorge und Selbstverantwortung massiv eingeschränkt. Die betroffenen Patienten leiden unter quälenden Stimmungsschwankungen, zeigen erhebliche innere Spannungszustände und manchmal auch damit im Zusammenhang stehendes selbstverletzendes Verhalten und andere Impulshandlungen. Auch sind die mitmenschlichen Beziehungen oft problembeladen, konflikthaft und von tiefem Misstrauen geprägt. Charakteristischerweise entwickelt sich die Störung nicht unmittelbar, sondern erst nach Wochen oder Monaten. Eine Kombination von PTSD mit andern psychiatrische Erkrankungen wie etwa mit einer Borderline-Persönlichkeit oder mit Essstörungen ist häufig.

Therapie

Frühinterventionen unmittelbar nach akuten Ereignissen wurden bis vor kurzer Zeit dringend empfohlen, werden aber aufgrund neuerer wissenschaftlicher Daten in der Fachwelt teilweise kontrovers diskutiert. Bei länger anhaltendem Leidensdruck sowie eingeschränkter Lebensführung wird übereinstimmend Psychotherapie empfohlen, Gruppentherapie kann hier hilfreich sein. In den letzten Jahren wurde eine Reihe störungsspezifischer Behandlungsmethoden entwickelt, welche sich inzwischen bewährt haben. Bei schwerer Traumatisierung kann eine stationäre Traumatherapie indiziert sein, spezialisierte psychotherapeutische Stationen für schwer Traumatisierte sind in der Schweiz im Aufbau begriffen. PTSD-Therapien sind anspruchsvoll und verlangen von allen Beteiligten Geduld, häufig erstrecken sie sich über eine längere Zeit. In stützenden psychotherapeutischen Behandlungen, welche zum Ziel haben, die Folgen schwerer traumatischer Belastungen für die Betroffenen handhabbarer zu machen, werden auch verschiedene Medikamente eingesetzt, vor allem gegen Schlafstörungen, körperliche Beschwerden, Angst und Depressionen.

Verlauf / Heilung

Ein vollständiges Verschwinden der posttraumatischen Symptomatik ist in der Regel weder durch Psychotherapie noch durch die Behandlung mit Psychopharmaka möglich. Die seelisch-körperlichen Reserven der Patienten, die sich zwischen Extrembelastungen meistens nie richtig stabilisieren konnten, sind begrenzt, entsprechend bescheidene Therapieziele sollten formuliert und realistische Heilungsaussichten in Aussicht gestellt werden. Die Öffentlichkeit und gleichermassen die Fachwelt scheinen – zu Recht – zunehmendes Interesse und Verständnis für diese leidgeprüfte Patientengruppe zu entwickeln.

Burn-out (ICD-10 Z73)

Definition

Der Begriff Burn-out wurde etwa 1970 eingeführt und bezeichnet den Zustand völligen körperlichen, seelischen und geistigen Ausgebrannt-Seins. Dabei handelt es sich nicht um eine eigenständige, wissenschaftlich definierte Krankheitskategorie, sondern um ein breites Spektrum uneinheitlicher Symptome. In den letzten Jahren ist von diesem neu definierten Erschöpfungszustand immer häufiger die Rede, da er wohl auch ein breites Unbehagen über unsere stressgeplagte Lebens- und Arbeitswelt widerspiegelt. Wie bei andern psychiatrischen «Modebegriffen» besteht die Gefahr einer überstrapazierten und inflationären Verwendung.

Häufigkeit

Aufgrund fehlender gültiger diagnostischer Kriterien existieren keine Angaben über Erkrankungsraten, es wird aber eine allgemeine Zunahme vermutet. Die noch vor wenigen Jahren geübte Beschränkung des Begriffs vorwiegend auf Führungskräfte sowie Mitarbeitende in helfenden Berufen wurde inzwischen fallen gelassen. Grundsätzlich können alle Menschen ausbrennen – auch Arbeitslose.

Ursachen

Burn-out tritt sowohl bei zu hoher Arbeitsbelastung als auch mangelnder individueller Gestaltungsmöglichkeit auf. Erschwerend wirken sich schlechte Arbeitsatmosphäre und fehlende Anerkennung aus. Zusätzliche private Stressoren spielen ebenfalls eine Rolle. Neben äusseren Belastungsfaktoren werden auch Persönlichkeitscharakteristika wie übergrosses Engagement und Perfektionismus als Risikofaktoren beschrieben. So gesehen kann Burn-out auch als «Krankheit der Tüchtigen» bezeichnet werden. Neuere wissenschaftliche Publikationen betonen strukturelle und soziale Gegebenheiten unserer Lebens- und Arbeitswelt als ursächliche Faktoren.

Symptome

Die Burn-out-Entwicklung beginnt meistens unauffällig, Krankheitsvorboten werden von der Umwelt und von den Betroffenen über lange Zeit bagatellisiert oder gar verleugnet. Warnsignale sind Schlaf- und Konzentrationsstörungen, erhöhte Irritierbarkeit, Krankheitsanfälligkeit sowie vielfältige psychosomatische Beschwerden. Emotionale Erschöpfung, innere Leere und Abstumpfung bei gleichzeitiger Unfähigkeit, sich in der Freizeit und in den Ferien zu erholen, charakterisieren eine fortgeschrittene Entwicklungsphase. Schliesslich drohen auch ernsthafte körperliche Erkrankungen (z.B. Herz-Kreislauf), auch depressives Erleben steht nun immer mehr im Zentrum, Selbstzweifel und Versagensgefühle breiten sich aus bis hin zu suizidaler Verzweiflung. Lebensqualität und Leistungsfähigkeit der Betroffenen sind zunehmend reduziert, und die Arbeitsfähigkeit ist in Frage gestellt. Besonders herauszustreichen sind die mit dem chronischen Ausbrennen verbundenen Gefahren eines Suchtmittelmissbrauchs.

Therapie

In der Regel erfolgt zuerst eine medizinische Behandlung beim Hausarzt und vereinzelt auch durch Coaching oder Psychotherapie. Bei Früherkennung der Vorboten sind eine gründliche Krankheitsorientierung und Motivationsarbeit für eine Lebensumstellung sowie notwendige Veränderungen im Arbeitsverhalten wichtig. Der Miteinbezug von Angehörigen und Arbeitgebern kann sehr sinnvoll sein. Im Rahmen einer solchen ambulanten Therapie stehen Massnahmen zur Reduktion von Arbeitsbelastungen, aber auch die Reduktion der eigenen Leistungsansprüche im Vordergrund. Auch Unterstützungsschritte im Sinne von Stressmanagement sowie Verbesserung der «work-life balance» können indiziert sein, ebenso die Anwendung von Entspannungsverfahren wie Autogenes Training oder Progressive Muskelrelaxation. Wenn auf diese Weise keine nachhaltige Veränderung des Lebensstils mit Symptomreduktion und Erholung möglich ist, empfiehlt sich eine Auszeit, idealerweise in Distanz zum Arbeitsplatz und Wohnort. In therapeutischen Institutionen ist die Burn-out-Behandlung meistens mehrdimensional ausgerichtet und beinhaltet Psycho- und Milieutherapie sowie Schulung in psychohygienischen Massnahmen.

Verlauf / Heilung

Die Prognose ist bei der überwiegenden Zahl der Betroffenen gut. Häufig stellen sich schon nach kurz dauernden therapeutischen Interventionen Erfolg versprechende neue Veränderungs- und Entwicklungsperspektiven ein. Manchmal ist eine frühzeitige stationäre Behandlung sinnvoll, weil die räumliche Distanz zu den realen oder phantasierten Aufgaben und Verpflichtungen eine wichtige Voraussetzung für einen Neubeginn darstellt.

Essstörungen (ICD-10 F50)

Definition

Bei den Essstörungen unterscheiden wir Anorexie (Magersucht) und Bulimie (Ess-/Brechsucht). Letztere ist durch Heisshungerattacken charakterisiert, denen selbstausgelöstes Erbrechen sowie auch der Missbrauch von Abführmitteln folgen. Die Betroffenen sind meist normalgewichtig, zeigen aber häufig Gewichtsschwankungen. Die Anorexie ist durch massives Untergewicht gekennzeichnet, welches durch Hungern herbeigeführt wird; sie tritt manchmal auch in Kombination mit bulimischen Brechanfällen auf. Die Unterscheidung zwischen den beiden Krankheitsbildern ist nicht immer eindeutig. Die Gemeinsamkeit beider Störungen liegt im Häufigkeitsgipfel zwischen dem 15. und 20. Lebensjahr sowie in der Angst der Betroffenen vor Gewichtszunahme. Pubertätsmagersucht wurde erstmals 1868 vom englischen Arzt Gull beschrieben, die Bulimie wird erst ab etwa 1980 als eigenständige Diagnose erhoben.

Häufigkeit

Essstörungen kommen vor allem im westlichen Kulturkreis vor und sind typisch für wohlhabende Industrieländer mit Nahrungsüberschuss. In über 90 Prozent der Fälle sind Frauen betroffen. An Magersucht leiden etwa ein Prozent aller Mädchen, die Bulimie kommt wesentlich häufiger vor. Vorübergehendes anorektisches sowie auch bulimisches Essverhalten als Ausdruck von Entwicklungskrisen im Adoleszenzprozess sind relativ häufig und meistens von kurzer Dauer.

Ursachen

Die Magersucht wird aus tiefenpsychologischer Perspektive als unbewusste Verweigerung der Sexualentwicklung verstanden. Mit Eintritt in die Pubertät geraten die betroffenen Mädchen in eine schwere Identitätskrise, welche den Krankheitsausbruch auslösen und den weiteren Verlauf aufrechterhalten kann. Im Hungern respektive Abmagern soll die Erlangung von Autonomie gegenüber der Umwelt (und vor allem gegenüber der Herkunftsfamilie), aber auch im Umgang mit dem eigenen Körper gewonnen werden. Bedrohliche Verlaufsformen können sogar – über die sexuelle Triebabwehr hinaus – als Lebensverweigerung schlechthin verstanden werden. Das vorherrschende gesellschaftliche Schlankheitsideal dürfte bei der Anorexie ebenfalls eine wichtige Rolle als Krankheitsursache spielen. Auch bei der Bulimie sind Probleme im Rahmen der weiblichen Identitätsentwicklung sowie Ablösungs- und Abgrenzungskonflikte von grosser Bedeutung; wiederholt wurde auch auf eine hohe Rate von Inzesterfahrungen bei diesen Patientinnen hingewiesen.

Symptome

Zentrales Merkmal der Magersucht ist die Vorstellung, trotz starkem Untergewicht zu dick zu sein. Diese Fehlwahrnehmung wird als Körperschemastörung bezeichnet und geht einher mit einem subjektiv viel zu niedrig angesetzten «Idealgewicht». Die durch Hungern, Gebrauch von Abführmitteln und exzessiven Sport herbeigeführte Gewichtsreduktion hat bei Anorektikerinnen hormonelle Störungen mit Ausbleiben der Monatsblutung, Verzögerungen in der Ausbildung der Geschlechtsmerkmale und manchmal ernsthafte internistische Erkrankungen zur Folge. Prinzipiell kann die Anorexie sehr dramatisch und manchmal gar tödlich verlaufen. Krankheitsbewusstsein fehlt bei den meisten Patientinnen. Typisches Merkmal der Bulimie sind häufig auftretende Fressanfälle, bei denen im Rahmen eines Kontrollverlustes in sehr kurzer Zeit unangemessen viele kalorienreiche Nahrungsmittel aufgenommen werden. Die Anfälle werden von den Betroffenen als unwiderstehliche Gier oder als Zwang beschrieben, treten mehrfach wöchentlich, manchmal auch mehrmals täglich auf und dauern durchschnittlich eine bis mehrere Stunden. Nachfolgende intensive Schuld- und Schamgefühle sind häufig. Da die Auseinandersetzung mit ihrem Körperbild bei allen Patientinnen mit Essstörungen eine zentrale Rolle spielt, ist auch bei Bulimikerinnen die Gewichtskontrolle ein Dauerthema. Die Brechsucht ist zwar nicht lebensgefährlich, regelmässiges Erbrechen und exzessiver Gebrauch von Abführmitteln und Appetitzüglern können aber gleichwohl ernsthafte medizinische Probleme bewirken. Störungen des Mineralstoffwechsels und Hormonsystems, Herzrhythmusstörungen, Entzündungen der Speiseröhre, Magenwandschädigungen, Schwellungen der Ohrspeicheldrüse, Schädigungen des Zahnschmelzes und Veränderungen an Haut und Haaren sind mögliche Komplikationen. Persönlichkeitsmässig werden Anorektikerinnen häufig als fleissig, leistungsbezogen, asketisch, perfektionistisch und im zwischenmenschlichen Bereich als kühl und emotional schwer erreichbar beschrieben. Bulimikerinnen zeigen indessen gehäuft impulsives Verhalten, suchen nach erotischer und anderer Stimulation und können Merkmale einer Borderline-Persönlichkeit aufweisen.

Therapie

Vorrangige therapeutische Ziele bei Anorexiepatientinnen sind die Normalisierung des Gewichts und die Rückbildung der durch längere Mangelernährung bedingten biologischen Funktionsstörungen. Bei massivem Untergewicht ist eine Klinikbehandlung mit Sondenernährung und engmaschiger Kontrolle unumgänglich. Erst nach Abschluss der Phase des Wiederaufbaus und nach Erreichen des vereinbarten Zielgewichtes folgt die eigentliche psychotherapeutische Behandlung im ambulanten oder stationären Rahmen. Der Behandlungseinstieg bei Bulimikerinnen ist angesichts des meist vorhandenen normalen Körpergewichts problemloser. In der Therapie aller essgestörter Betroffener sowie ihrer Angehörigen wichtig ist die Vertrauensbildung und Motivationsarbeit durch gründliche Aufklärung, nicht zuletzt auch über die körperlichen Folgeschädigungen. Mittels psychodynamischen Behandlungsansätzen werden zugrunde liegende individuelle Krankheitsursachen angegangen. Mit Familientherapie soll versucht werden, die übrigen Mitglieder für den häufig langwierigen und von vielen Rückschlägen geprägten Behandlungsprozess zu gewinnen. Im Rahmen der stationären Psychotherapie haben sich besonders Bausteine der kognitiven Verhaltenstherapie bewährt. Auf dem Boden einer Verhaltensanalyse mit Tagebuchaufzeichnungen werden wirksame Selbstkontrolltechniken vermittelt. Differenzierte schriftliche Behandlungsverträge geben sowohl den Betroffenen als auch dem therapeutischen Team Halt und Orientierungshilfe. Die entscheidende therapeutische Zielsetzung muss – angesichts des häufig ausweichenden Verhaltens dieser Patientinnengruppe – letztlich immer die konsequent zu verfolgende Normalisierung von Gewicht und Essverhalten bleiben.

Verlauf/Heilung

Nach wie vor ist die ausgeprägte Magersucht eine schwere, potenziell tödlich verlaufende Krankheit mit insgesamt eher ungünstiger Prognose. Der Verlauf der Brechsucht ist in der Regel weniger dramatisch und bezüglich Heilungserfolg günstiger. Für Angehörige ist die anorektische Störung eines Familienmitgliedes über alle Massen belastend, und auch für Fachleute bedeutet die Behandlung essgestörter Patientinnen immer wieder eine grosse Herausforderung, der vor allem mit einem qualifizierten störungsspezifischen Ansatz und entsprechend gut ausgereiften Behandlungskonzepten erfolgreich begegnet werden kann.

Borderline-Persönlichkeitsstörung (ICD-10 F60)

Definition

Mit dem Begriff Borderline wurde ursprünglich eine Erkrankung beschrieben, welche als Grenzzustand zwischen Neurose und Psychose definiert war. In den 1980er-Jahren hat die Psychoanalyse unter der Bezeichnung Borderline-Persönlichkeit eine schwere Charakterstörung beschrieben, welche durch Instabilität in der Stimmung, im Selbstbild sowie in sozialen Beziehungen charakterisiert ist. Der Begriff gelangte in der Folge immer breiter und zeitweilig inflationär zur Anwendung und galt als «Modediagnose». Inzwischen ist das Borderline-Konzept ausgereift und hat sich sowohl diagnostisch als auch therapeutisch etabliert und bestens bewährt.

Häufigkeit

Mehr als fünf Prozent der Bevölkerung dürften eine Persönlichkeitsstörung aufweisen, gegen zwei Prozent zeigen Borderline-Merkmale. Rund 70 Prozent der Betroffenen sind Frauen. Die Diagnose wird mehrheitlich bei Jugendlichen und jungen Erwachsenen gestellt, doch kann die Störung auch erst in späteren Lebensphasen zu Krisen mit Behandlungsbedarf führen.

Ursachen

Genetische und biologische Faktoren spielen ursächlich nachgewiesenermassen eine bedeutende Rolle. Spezifische entwicklungspsychologische Erklärungen der Borderline-Störung konzentrieren sich auf die besonders empfindliche Interaktion zwischen Kind und Bezugspersonen im ersten Lebensjahr. In der frühen Lebensgeschichte der Betroffenen finden sich häufig sehr schwere traumatische Erlebnisse, wie elterlicher Verlust oder lange einschneidende Trennungserfahrungen. Auch sexueller oder körperlicher Missbrauch sowie Gewalt und Alkoholismus sind gehäuft festzustellende Charakteristika des familiären Hintergrundes. Soziale Faktoren können nicht ohne Weiteres direkt in Zusammenhang mit dem in den letzten Jahren gehäuft aufgetretenen Störungsbild gebracht werden. Gleichwohl bleibt danach zu fragen, ob die sich verändernden Familienstrukturen, der rasche Wertewandel sowie die zusehends zerbrechlichere moderne Gesellschaft für Häufigkeit und Ausprägung dieser schweren Erkrankung von Bedeutung sein könnten.

Symptome

Im Zentrum der Borderline-Persönlichkeitsstörung stehen Identitätsprobleme sowie Schwierigkeiten in der Regulation von Gefühlen, was sich in den verschiedensten Lebensbereichen niederschlägt. Die zwischenmenschlichen Beziehungen sind sehr wechselhaft und durch eine unablässige Suche nach dem «richtigen» Partner geprägt. Intimität macht einerseits grosse Angst, andererseits bestehen intensive Beziehungswünsche mit enormer Verletzlichkeit bei Trennung. Hochgradige Impulsivität bei gleichzeitig grossem Selbstschädigungspotenzial kann überdies in promiskuitives Verhalten, Drogenmissbrauch sowie Brech- und Spielsucht und allgemeines Risikoverhalten einmünden. Starke Stimmungsschwankungen in Richtung Depression, Angst und Reizbarkeit erzeugen bei den Betroffenen hohen Leidensdruck und belasten auch deren mitmenschliche Beziehungen. Eine besondere Behandlungsdynamik entsteht durch häufiges selbstschädigendes Verhalten wie Sichschneiden, Sichbrennen und andere Formen der Selbstverstümmelung. Hintergrund dieser nur schwer einfühlbaren Impulshandlungen – welche eher selten durch eigentliche Suizidwünsche motiviert sind – können Selbstbestrafungsmotive sein. Selbstmorddrohungen bis zu appellativen suizidalen Handlungen, welche die Hilflosigkeit und Verzweiflung der Betroffenen spiegeln, kommen leider öfters vor und stellen sowohl für Familienangehörige als auch Therapeuten eine grosse Belastung dar. Die Frage «Wer bin ich?» steht im Zentrum dieser komplexen psychischen Störung. Den Patienten fehlt ein stabiles Selbstbild, ihre sexuelle Orientierung ist chaotisch, und sie lassen konstante, verlässliche Werte im Leben vermissen. Private und berufliche Langzeitziele fehlen, das Erleben wird vielmehr von einer «unübersichtlichen» Gegenwart diktiert. Hier dominieren chronische Gefühle der inneren Leere und Langeweile sowie die Unfähigkeit, alleine zu sein und mit dem eigenen Leben etwas Sinnvolles zu gestalten.

Therapie

Nicht immer gelingt es, im ambulanten Rahmen den verschiedenen Problemen und Gefährdungen dieser Patienten wirksam zu begegnen und eine genügend tragfähige therapeutische Beziehung aufzubauen. Kurzdauernde stationäre Kriseninterventionen sind darum notwendige Bausteine einer längerfristig angelegten Borderline-Psychotherapie. Bei Früherkennung dieser Störung empfiehlt sich eine mehrmonatige Behandlung auf einer spezialisierten Psychotherapiestation. Zu Behandlungsbeginn steht die emotionale Stabilisierung ganz im Vordergrund. Die Betroffenen lernen, mit ihren schwankenden, intensiven Gefühlen besser umzugehen. Es geht vor allem darum, zur Spannungsreduktion keine selbstschädigenden Handlungen mehr einsetzen zu müssen. Auch lernen die Patienten, ihre mitmenschlichen Beziehungen funktionaler zu gestalten und sich im meist problembeladenen sozialen Umfeld wieder besser zurechtzufinden. Moderne Behandlungsverfahren wie dasjenige der Dialektisch-Behavioralen Therapie (DBT) leisten hier wertvolle, äusserst wirksame Hilfestellung. DBT ist ein manualisiertes, international standardisiertes Verhaltenstherapieprogramm, welches mit verschiedenartigen Ansätzen, zum Beispiel der Anwendung bestimmter zielführender Fertigkeiten (Skills), die Emotionsregulationsstörung positiv beeinflusst. Tiefer gehende innerseelische Probleme und vor allem Folgen chronischer Traumatisierungen werden dann im späteren Therapieverlauf zunehmend thematisierbar. Auch für diesen Behandlungsansatz stehen inzwischen bewährte störungsspezifische Verfahren zur Verfügung, die im Falle eines positiven Verlaufs eine Traumaintegration ermöglichen.

Verlauf / Heilung

Noch vor einigen Jahrzehnten galt diese schwierige Patientengruppe als kaum behandelbar, und die Prognosen waren sehr pessimistisch. Dank neueren Forschungsdaten ist einiges bekannt über den längerfristigen Spontanverlauf: Dieser zeigt im mittleren und späteren Erwachsenenalter eine deutliche Stabilisierungstendenz der Grundstörung. Hinzu kommen beachtenswerte Fortschritte in den verschiedenen Behandlungsverfahren. Somit kann diesen häufig intelligenten und kreativen Patienten psychiatrisch-psychotherapeutisch wirksamer geholfen werden – vorausgesetzt, alle Beteiligten bemühen sich um Geduld, Lernfähigkeit und Gelassenheit.

Hyperkinetische Störung im Jugendalter (ICD-10 F90)

Definition

Die Verhaltensstörung wurde erstmals 1845 im Buch «Struwwelpeter» dargestellt. Erst im Jahr 1987 erhielt sie die Bezeichnung ADHS (Attention Deficit Hyperactivity Syndrom). Das Erscheinungsbild ist breit; es reicht vom bekannten «Zappelphilipp» über träumerische, depressive, orientierungslose junge Menschen bis zu hochbegabten, zerstreuten Jugendlichen. Aufmerksamkeitsstörungen werden je nach Krankheitsausprägung in verschiedene Typen unterteilt: in den vorwiegend hyperaktiv-impulsiven Typ, den unaufmerksamen und den kombinierten Typ. Das Störungsbild erfuhr in den vergangenen Jahren sowohl in Fachkreisen als auch in der breiteren Öffentlichkeit vermehrte Beachtung, kontroverse Diskussionen über Diagnostik, Entstehungshintergrund und Therapie dauern bis heute an.

Häufigkeit

Zwischen drei und neun Prozent aller Kinder leiden an Aufmerksamkeitsstörungen, wobei Jungen häufiger betroffen sind als Mädchen. Damit gehört ADHS zu den häufigsten kinderpsychiatrischen Störungen. Glaubte man früher an ein «Auswachsen» im Verlauf der Pubertät, so geht man inzwischen davon aus, dass etwa ein Drittel der Betroffenen auch im Erwachsenenalter beeinträchtigt bleibt.

Ursachen

Die Krankheitsentstehung ist noch nicht vollständig geklärt, genetische Faktoren spielen aber eine wesentliche Rolle. Neuere Forschungsergebnisse lassen auf eine Regulationsstörung innerhalb bestimmter Hirnareale schliessen. Das Lebensumfeld, in dem die betroffenen Kinder aufwachsen, ist ebenfalls von Bedeutung und kann den Einfluss von Erbanlagen verstärken oder abschwächen. Die immer wieder diskutierte Hypothese, dass bestimmte Nahrungsmittel die Störung auslösen, ist umstritten.

Symptome

Die Hauptsymptomatik besteht in einer ausgeprägten Aufmerksamkeits- und Konzentrationsstörung. ADHS-Kinder sind leicht ablenkbar, zeigen mangelnde Ausdauer sowie nur kurze Konzentrationsfähigkeit. Eine allfällig vorhandene Hyperaktivität äussert sich in motorischer Unruhe: Die Patienten haben Mühe, still zu sitzen, sind zappelig und müssen sich dauernd bewegen. Die ebenfalls häufig vorhandene Impulsivität manifestiert sich in Irritierbarkeit, rascher Erregbarkeit, mangelnder emotionaler Steuerung und allgemein unvorhersehbarem Verhalten.

Therapie

Nicht jede Aufmerksamkeitsstörung muss behandelt werden. Therapeutische Massnahmen sind erst dann indiziert, wenn einerseits die vorliegende ADHS-Symptomatik sorgsam abgeklärt und diagnostisch verifiziert wurde und andererseits die Störung zu krankheitswertigen, psychischen und sozialen Beeinträchtigungen führt. Verhaltenstherapeutisch orientierte Trainingsprogramme, kombiniert mit Pharmakotherapie, haben sich bestens bewährt. Medikamentös gelangt in erster Linie Methylphenidat (Ritalin) – eine dem Amphetamin ähnliche stimulierende Substanz – zur Anwendung, daneben werden auch andere antidepressive und beruhigende Psychopharmaka eingesetzt. Individuelle Psychotherapie sowie auch Familientherapie sind vor allem dann erforderlich, wenn sich in der Folge zusätzliche psychische Störungen wie Depresssion, Dissozialität oder psychosomatische Beschwerden einstellen. Wichtiges Ziel aller pädagogischen und therapeutischen Massnahmen ist die verbesserte Kontrolle der Hauptsymptome wie Unaufmerksamkeit, Hyperaktivität oder Impulsivität, um auf diese Weise zu verhindern, dass die betroffenen Kinder und Jugendlichen zu Schulversagern und Aussenseitern werden.

Verlauf / Heilung

Während manche Patienten nur über wenige Jahre behandelt werden müssen, sind andere lebenslang auf therapeutische Hilfe angewiesen. Trotz Besserung durch gezielte Behandlungsmassnahmen bleiben bei der Mehrzahl der Betroffenen Restsymptome. Die Prognose hängt wesentlich von der Kooperation zwischen Patient, Therapeut, Familie und Schule ab. Bei etwa zehn Prozent der ADHS-Kinder bleibt das Krankheitsbild auch im Erwachsenenalter vollständig erhalten. Die meisten Patienten verfügen über gute Lebensqualität, vorausgesetzt, sie lernen mit ihrer spezifischen Problematik und Verletzlichkeit gezielt umzugehen.

Störung des Sozialverhaltens im Jugendalter (ICD-10 F91)

Definition

Gebote und Werte werden in Kindheit und Jugend im Rahmen der Familie gebildet. Misslingt die Übernahme von Verhaltensnormen, welche das Leben in der Gesellschaft reglementieren, kann eine sogenannte Störung des Sozialverhaltens auftreten. Damit ist ein sich wiederholendes oder andauerndes Muster aggressiven, aufsässigen oder dissozialen Verhaltes charakterisiert. Unter dem Oberbegriff Dissozialität gelangt bei kriminell abweichendem Verhalten die Bezeichnung Delinquenz zur Anwendung, der Begriff Verwahrlosung meint einen dauernden Verstoss gegen soziale Normen.

Häufigkeit

Dissoziales Verhalten beginnt typischerweise zu Beginn der Pubertät und tritt im Geschlechterverhältnis von sechs zu eins zwischen Jungen und Mädchen auf. Neben Aufmerksamkeits- und Aktivitätsstörungen sowie emotionalen Erkrankungen ist die Störung des Sozialverhaltens eine der häufigsten kinder- und jugendpsychiatrischen Diagnosen. Diese besondere Form der Verhaltensauffälligkeit bewegt sich im Grenzbereich zwischen Psychiatrie sowie Pädagogik, Schulpsychologie und andern Disziplinen. Seit einigen Jahren gelangen immer wieder Meldungen an die Öffentlichkeit, wonach bestimmte Formen dieser Störung – insbesondere Aggressivität und Delinquenz im Jugendalter – in besorgniserregendem Ausmass zunehmen sollen.

Ursachen

Der Ursachenhintergrund gestörten Sozialverhaltens ist breit gefächert. Eine massgebliche Rolle spielen ungünstige emotionale Bindungen an die primären Bezugspersonen in der frühen Kindheit. Auch traumatisierende Trennungserfahrungen, körperliche Misshandlungen, sexueller Missbrauch sowie hirnorganische Beeinträchtigungen werden ursächlich verantwortlich gemacht. Sind die familialen Verhältnisse zusätzlich durch ökonomische Probleme und andere ungünstige soziale Faktoren belastet, steigt das Risiko einer dissozialen Entwicklung. Die Modellwirkung von Eltern und andern nahen Bezugspersonen spielt dabei – im negativen wie auch im positiven Sinne – eine entscheidende Rolle.

Symptome

Unterschieden werden: Stehlen, Weglaufen, Lügen, Zündeln, Brandstiftung, Schulschwänzen, kriminelle Handlungen (z.B. Einbrüche), Zerstörungswut, Tierquälerei, sexuelle Nötigung und Gewalttätigkeiten. Grundsätzlich muss der individuelle Entwicklungsstand eines Kindes oder Jugendlichen zur Beurteilung des Schweregrades berücksichtigt werden. Einmalige Handlungen sind in der Regel von geringer Bedeutung; erst bei Verhaltensmustern, welche mehrere Monate andauern, erhält die Störung Krankheitswert. Kombinationen mit andern psychiatrischen Erkrankungen, wie beispielsweise depressiver Grundstimmung, sind häufig.

Therapie

Pädagogische Massnahmen stehen im Vordergrund; psychotherapeutische Interventionen sind nur dann angezeigt, wenn eine psychiatrische Grunderkrankung – zum Beispiel im Sinne emotionaler Begleitsymptome – vorliegt. Manchmal sind Trainingsmanuale auf verhaltenstherapeutischer Basis nützlich. Die Zielsetzungen einer pädagogisch-strukturierenden Vorgehensweise bestehen darin, Bedingungen für eine ausreichende Beziehungsstabilität mit den wichtigsten Bezugspersonen zu schaffen. Das Familiensystem sollte möglichst wirksam beraten und gestützt werden. Reichen diese Massnahmen nicht aus, kommen Fremdplacierungen in Betracht. In der ambulanten sowie vor allem auch in der stationären jugendpsychiatrischen Versorgung bestehen in der Schweiz vielerorts immer noch Engpässe, geeignete pädagogische Institutionen fehlen ebenfalls häufig.

Verlauf / Heilung

Frühzeitige und gezielte professionelle Interventionen sind bei gefährdeten jungen Menschen – auch aus volkswirtschaftlicher Sicht – ausserordentlich wichtig. Unterbleiben oder misslingen pädagogisch-therapeutische Massnahmen, droht das Abgleiten in eine kriminelle Karriere. 60 Prozent der Erwachsenen mit der Diagnose einer dissozialen Persönlichkeitsstörung zeigten schon in ihrer Kindheit und Jugend schwer gestörtes Sozialverhalten. Die Invalidisierungsgefahr ist ebenfalls beachtlich.

Anhang

Anlaufstellen und Adressen

Von der Stiftung Pro Mente Sana
ausgewählt und empfohlen

Schweiz

Pro Mente Sana
Hardturmstrasse 261
Postfach
8031 Zürich
Tel 044 563 86 00
Fax 044 563 86 17
www.promentesana.ch
kontakt@promentesana.ch

Schweizerische Gesellschaft für Psychiatrie
und Psychotherapie SGGP
Postgasse 17
Postfach 686
3000 Bern 8
Tel 031 313 88 33
Fax 031 313 88 99
www.psychiatrie.ch
sgpp@psychiatrie.ch

Schweizer Psychotherapeuten Verband (SPV)
Riedtlistrasse 8
8006 Zürich
Tel 043 268 93 00
Fax 043 268 93 76
www.psychotherapie.ch
spv@psychotherapie.ch

Föderation der Schweizer Psychologinnen
und Psychologen FSP
Choisystrasse 11
Postfach
3000 Bern 14
Tel 031 388 88 00
Fax 031 388 88 01
www.psychologie.ch
info.fsp@psychologie.ch

Schweizerischer Berufsverband für Angewandte
Psychologie (SBAP)
Merkurstrasse 36
8032 Zürich
Tel 043 268 04 05
Fax 043 268 04 06
www.sbap.ch
sbap@access.ch

Gesellschaft delegiert arbeitender Psycho-
therapeutinnen und Psychotherapeuten GedaP
Postfach 7181
8023 Zürich
Tel 043 288 89 79
www.gedap.ch
info@gedap.ch

Schweizerische Gesellschaft für
Psychoanalyse (SGPsa)
Zentralsekretariat
Postfach 211
1224 Chêne-Bougeries
Tel 022 349 94 08
Fax 022 349 94 21
www.psychoanalyse.ch
www.psychanalyse.ch

Europäische Föderation für psychoanalytische
Psychotherapie EFPP
www.efpp.org

Freud-Institut Zürich
Schweizerische Gesellschaft für Psychoanalyse
Zollikerstrasse 144
8008 Zürich
Tel 044 382 34 19
Fax 044 382 04 80
www.freudinstitut.ch
info@freud-institut.ch

*Schweizerische Gesellschaft für systemische
Beratung und Therapie SGS*
www.systemis.ch

*Schweizerische Gesellschaft für
Verhaltenstherapie (SGVT)*
Hotelgasse 8
Postfach 866
3000 Bern 8
Tel 031 311 12 12
Fax 086 031 311 12 12
www.sgvt-sstcc.ch
info@sgvt-sstcc.ch

*Schweizerische Gesellschaft für Personenzentrierte
Psychotherapie und Beratung (SGGT)*
Josefstrasse 79
8005 Zürich
Tel 044 271 71 70
Fax 044 272 72 71
www.sggt-spcp.ch
sggtspcp@smile.ch

*Schweizerischer Verein für Gestalttherapie
und integrative Therapie (SVG)*
Postfach 265
8049 Zürich
Tel 044 341 09 08

Speziell für Kinder und Jugendliche

www.kidspsy.ch

*Schweizerische Gesellschaft für Kinder-
und Jugendpsychiatrie SGKJPP*
Museumsstrasse 10
Postfach 106
3000 Bern 6
Tel 031 351 82 42
Fax 031 351 82 43
www.sgkjpp.ch
sgkjpp-ssppea@hofer-advokatur.ch

*Schweizerische Vereinigung für Kinder-
und Jugendpsychologie (SKJP)*
Postfach 4720
6002 Luzern
Tel 041 420 03 03
Fax 041 420 03 82
www.skjp.ch
info@skjp.ch

Einzelne Krankheitsbilder

Abhängigkeit:
www.anonyme-alkoholiker.ch
www.careplay.ch
www.infoset.ch
www.sfa-ispa.ch

Angst:
www.aphs.ch
www.panik-attacken.de

Aufmerksamkeits- und Konzentrationsstörungen:
www.adhs.ch
www.elpos.ch
www.hyperaktiv.de

Borderline-Störungen:
www.borderline-community.de
www.borderline-plattform.de
www.borderline.ch
www.borderline-angehoerige.ch
www.borderline-syndrom.ch

Demenz:
www.altersdemenz.ch
www.alz.ch
www.alzheimer.ch
www.alzheimer-europe.org
www.gerontologie.ch
www.pro-senectute.ch
www.redcross.ch
www.schrittweise.ch

Deutschland

Depression:
www.depressionen.ch

Essstörungen:
www.aes.ch
www.hungrig-online.de
www.netzwerk-essstoerungen.ch

Schizophrenie / Psychotische Störungen:
www.netzwerk-schizophrenie.ch
www.stimmenhoeren.de
www.kompetenznetz-schizophrenie.de
www.vask.ch

Schlafstörungen:
www.ksm.ch
www.swiss-sleep.ch

Schmerzen:
www.schmerzpatienten.ch

Suizidalität:
www.ipsilon.ch

Zwang:
www.zwang.ch

Psychische Erkrankungen im Allgemeinen:
www.lichtblick-newsletter.de
www.psychiatrie.de

Selbsthilfegruppen:
www.kosch.ch

Berufsverband Deutscher Psychologinnen und Psychologen e.V.
Bundesgeschäftsstelle
Glinkastrasse 5–7
10117 Berlin
www.bdp-verband.org

Bundesverband Psychiatrie-Erfahrener (BPE) e.V.
Wittener Strasse 87
44789 Bochum
www.bpe-online.de

Dachverband Gemeindepsychiatrie e.V.
Am Michaelshof 4b
53177 Bonn
www.psychiatrie.de/dachverband

Deutsche Gesellschaft für Psychiatrie, Psychotherapie und Nervenheilkunde (DGPPN)
Reinhardtstrasse 14
10117 Berlin
www.dgppn.de

Deutsche Gesellschaft für Psychoanalyse, Psychotherapie, Psychosomatik und Tiefenpsychologie e.V. (DGPT)
Johannisbollwerk 20
20459 Hamburg

Deutsche Gesellschaft für Soziale Psychiatrie (DGSP)
Zeltlinger Strasse 9
50969 Köln
www.psychiatrie.de/dgsp

Deutsche Gesellschaft für Suizidprävention (DGS)
Hilfe für suizidgefährdete Kinder und Jugendliche
Nikolsburger Platz 6
10717 Berlin
www.suizidprophylaxe.de

Psychiatrienetz
Informationen, Diskussionsforen, Verbände und Links
www.psychiatrie.de

Österreich

*Österreichischer Bundesverband für
Psychotherapie (ÖBVP)*
Löwengasse 3/5/6
1030 Wien
www.psychotherapie.at
www.oebvp.at
oebvp@psychotherapie.at

*Österreichische Gesellschaft für wissenschaftlich
klientenzentrierte Psychotherapie und
personorientierte Gesprächsführung (ÖGWG)*
Altstadt 17
4020 Linz
www.psychotherapie.at/oegwg/

Wiener Psychoanalytische Vereinigung
Gonzagagasse 11/2/11
1010 Wien
www.wpv.at
office@wpv.at

www.promenteaustria.at

Literatur

Von der Stiftung Pro Mente Sana
ausgewählt und empfohlen

Alkoholabhängigkeit

Lindenmeyer Johannes:
Ratgeber Alkoholabhängigkeit. Informationen für Betroffene und Angehörige. Hogrefe-Verlag, 2003.

Angst- und Panikerkrankungen

Angst- und Panikhilfe Schweiz (AphS, Hrsg.):
Angsterkrankungen. Wenn Angst zur Krankheit wird.
(Die Patientenbroschüre kann gratis bezogen werden bei: Angst- und Panikhilfe Schweiz, Hölzlistr. 165, 4232 Fehren.)

Leidig Stefan, Glomp Ingrid:
Nur keine Panik! Ängste verstehen und überwinden. Kösel, München 2003.
(Die physiologischen Prozesse bei Angst werden verständlich geschildert. Mit vielen Fallbeispielen und Behandlungswegen.)

Schmidt-Traub Sigrun:
Angst bewältigen. Selbsthilfe bei Panik und Agoraphobie. Springer, Heidelberg 2001.
(Fundierte Informationen zu Agoraphobie und Panikstörung. Konkreter, verhaltenstherapeutisch ausgerichteter Ratgeber.)

Borderline-Störung

Knuf Andreas:
Leben auf der Grenze. Erfahrungen mit Borderline. Psychiatrie-Verlag, Bonn 2003.
(Sammlung von Erfahrungsberichten Betroffener und Angehöriger.)

Knuf Andreas, Tilly Christiane:
Borderline: Das Selbsthilfebuch.
Psychiatrie-Verlag, Bonn 2004.
(Konkreter, alltagsnaher Ratgeber mit zahlreichen Selbsthilfeideen.)

Mason Paul T., Kreger Randi:
Schluss mit dem Eiertanz. Ein Ratgeber für Angehörige von Menschen mit Borderline. Psychiatrie-Verlag, Bonn 2003.
(Das einzige Buch für Angehörige von Borderline-Betroffenen. Konkret und am Alltag orientiert. Der Informations- und Adressteil ist Amerika- und Deutschland-lastig.)

Rahn Ewald:
Borderline. Ein Ratgeber für Betroffene und Angehörige. Psychiatrie-Verlag, Bonn 2003.
(Leicht verständlich wird über die Erkrankung und Behandlungsmöglichkeiten informiert.)

Depression

Gmür Pascale, Kessler Helga:
Wege aus der Depression. Ratgeber für Betroffene und Angehörige. Beobachter-Verlag, Zürich 2005.
(Praxisnahe Einführung in die häufigste seelische Erkrankung. In ausführlichen Porträts kommen Betroffene zu Wort. Angehörige erhalten nützliche Hinweise und Informationen. Viele Adressen und Anlaufstellen, die meisten davon in der Schweiz.)

Josuran Ruedi, Hoehne V., Hell D.:
Mittendrin und nicht dabei. Mit Depressionen leben lernen.
Ullstein Taschenbuch-Verlag, Berlin 1999.
(Das von zwei selber betroffenen Journalisten verfasste Buch beschreibt eindrücklich die Entstehung von Depression, das Leiden und Hilfsmöglichkeiten für Betroffene.)

Lyssy Rolf:
Swiss Paradise. Rüffer&Rub, Zürich 2001.
(Bericht über das Erleben einer schweren Depression. Die eigene Geschichte wird kunstvoll mit politischen Ereignissen und der Schweizer Filmszene verwoben.)

Niklewski Günter et al.:
Depressionen überwinden. Ein Ratgeber für Betroffene, Angehörige und Helfer.
Stiftung Warentest, Berlin 2003.
(Umfassend und gut verständlich. Enthält auch Kapitel über Depressionen bei Kindern, die «Frauenkrankheit» und Altersdepressionen.)

Wolfersdorf Manfred:
Krankheit Depression. Erkennen, verstehen, behandeln. Psychiatrie-Verlag, Bonn 2002.
(Standardwerk und Ratgeber über Symptomatik, Entstehung und Behandlungsmöglichkeiten.)

Demenz

Buijssen Huub:
Demenz und Alzheimer verstehen – mit Betroffenen leben. Ein praktischer Ratgeber.
Beltz-Verlag, Weinheim 2003.

Tönnies Inga:
Abschied zu Lebzeiten. Wie Angehörige mit Demenzkranken leben. Psychiatrie-Verlag, Bonn 2004.

Essstörungen

Gerlinghoff Monika, Backmund Herbert, Mai Norbert:
Magersucht und Bulimie. Verstehen und bewältigen.
Beltz-Verlag, Weinheim 2001.

Psychopharmaka

Burkhardt-Neumann Carola:
Wegweiser Psychopharmaka. Wirkstoffe für die Seele. Zenit-Verlag 2005.
(Zum Buch gibt es auch eine Homepage: www.wegweiser-psychopharmaka.de. In erster Linie für Betroffene und Angehörige. Leicht verständlich, umfangreicher Abschnitt über Krankheitsbilder.)

Greve Nils, Osterfeld Margret, Dieckmann Barbara:
Umgang mit Psychopharmaka.
Psychiatrie-Verlag, Bonn 2006.
(Übersichtlich und ansprechend geschrieben, werden hier alle Medikamentengruppen vorgestellt. Kritische Hintergrundinformationen und Anregungen für eine partnerschaftliche Beziehung zwischen Arzt und Betroffenen.)

Psychotherapie

Meier Isabelle, Rohner Koni:
Gesund werden mit Psychotherapie.
Beobachter-Buchverlag, Zürich 2006.
(Übersichtliche Einführung in die verschiedenen Therapiemethoden, Beschrieb von Schwierigkeiten in der Psychotherapie und Beschwerdemöglichkeiten, Hilfen beim Finden eines Psychotherapeuten. Umfangreicher Schweizer Adressteil.)

Schizophrenie

Bäuml Josef:
Psychosen aus dem schizophrenen Formenkreis.
Berlin, Heidelberg 2002.
(Leicht verständliches Buch über Symptome, Ursachen und Behandlungsmöglichkeiten der Schizophrenie. Im Frage-Antwort-Stil aufgebaut.)

Finzen Asmus:
Schizophrenie – die Krankheit verstehen.
Psychiatrie-Verlag, Bonn 2003.

Finzen Asmus:
Schizophrenie – die Krankheit behandeln.
Psychiatrie-Verlag, Bonn 2003.
(In beiden Büchern beschreibt Asmus Finzen leicht verständlich und einfühlsam, wie es zur schizophrenen Erkrankung kommt und welche Behandlungsmethoden es gibt. Jeweils mit ausführlichen Kapiteln zur Situation der Angehörigen.)

Freigang Barbara:
Keine Engel im Himmel. Zytglogge-Verlag, Bern 2003.
(Die Autorin erzählt in diesem autobiographischen Roman humorvoll und in ansprechender Weise von ihrer Psychoseerfahrung, die sie nach der Geburt ihres ersten Kindes hatte.)

Hell Daniel, Schüpbach Daniel:
Schizophrenien. Ein Ratgeber für Patienten und Angehörige. Springer-Verlag, Berlin, Heidelberg 2001.
(Leicht verständlich informieren die Autoren über Entstehung, Diagnose und Therapie der Schizophrenie. Sie liefern Hinweise für Angehörige und Betroffene, wie ein Umgang mit der Erkrankung gefunden werden könnte. Ein Glossar und weiterführende Adressen runden den Ratgeber ab.)

Knuf Andreas, Gartelmann Anke:
Bevor die Stimmen wiederkommen. Vorsorge und Selbsthilfe bei psychotischen Krisen.
Psychiatrie-Verlag, Bonn 2005.
(Konkrete individuelle Selbsthilfe- und Vorsorgemöglichkeiten. Enthält zahlreiche Erfahrungsberichte sowie einen Vorsorgebogen und Krisenpass.)

Zerchin Sophie:
Auf den Spuren des Morgensterns. Psychose als Selbstfindung. Paranus-Verlag, 2005.
(Die eindrückliche Autobiographie von Dorothea Buck, der Mitbegründerin der Psychoseseminare. Standardwerk.)

Suizid

Bronisch, Thomas:
Der Suizid. Ursachen, Warnsignale, Prävention.
Verlag C.H. Beck, 1995.
(Das Wichtigste über Häufigkeit, Entstehungsmodelle, Prävention und Therapie.)

Forum für Suizidprävention und Suizidforschung Zürich (Hrsg.):
Den Kindern helfen. Wie Sie Kinder nach einem Suizid unterstützen können.
(Zu beziehen über kirche-jugend@smile.ch oder Tel. 044 / 271 88 11. Informationen für Eltern und andere Betreuungspersonen, die ein Kind oder einen Jugendlichen begleiten, der eine nahe stehende Person durch Suizid verloren hat.)

Otzelberger Manfred:
Suizid. Das Trauma der Hinterbliebenen. Erfahrungen und Auswege.
Deutscher Taschenbuch Verlag, 2002.
(Hinterbliebene erfahren Wichtiges über Suizid und seine Dynamik. Anregungen zur Bewältigung der Trauer und zum Umgang mit dem Unverständnis und Vorwürfen Aussenstehender.)

Trauma

Reddemann Luise, Dehner-Rau Cornelia:
Trauma. Folgen erkennen, überwinden und an ihnen wachsen. Trias-Verlag, 2006.

Zwangserkrankungen

Fricke Susanne, Hand Iver:
Zwangsstörungen verstehen und bewältigen. Hilfe zur Selbsthilfe.
Psychiatrie-Verlag, Bonn 2004.
(Kompakter, systematisch und auf der Methodik der Verhaltenstherapie aufgebauter Selbsthilfe-Ratgeber.)

Leps Felix:
Zange am Hirn. Geschichte einer Zwangserkrankung.
Psychiatrie-Verlag, Bonn 2001.
(Erfahrungsbericht über den Verlauf, Behandlungsversuche
und Erfolge bei einer Zwangserkrankung.)

Übersichtswerke

Berger Matthias:
Psychiatrie und Psychotherapie.
Urban & Fischer, 2001.
(Umfangreiches Standardwerk.)

Rahn Ewald, Mahnkopf Angela:
Lehrbuch Psychiatrie für Studium und Beruf.
Psychiatrie-Verlag, Bonn 2005.
(Übersichtliches Lehrbuch über psychiatrische Störungsbilder
und die jeweiligen Behandlungsmethoden.)

Publikationen von Pro Mente Sana
(erhältlich unter: www.promentesana.ch)

«*Pro Mente Sana aktuell*»
(Zeitschrift zu zentralen Fragen der Psychiatrie sowie zu
einzelnen Krankheitsbildern, erscheint viermal im Jahr.)

Jugendliche zwischen Krise und Selbstfindung; 2-06
Suizid und Suizidprävention; 4-05
Schizophrenie heute; 3-04
Angst und Panik, Wege aus der Enge; 2-02
Depression, den eigenen Weg finden; 1-02
Angehörige, hilflos und stark; 4-04
Psychotherapie, wie sie hilft; 2-04
Selbsthilfe – eine Bewegung im Aufbruch; 3-02

Weitere Broschüren:
*Borderline, die Krankheit verstehen
und Hilfe finden,* 2005
Kinder psychisch kranker Eltern, 2005
*Es ist normal verschieden zu sein, Verständnis
und Behandlung von Psychosen*
(In Zusammenarbeit mit Betroffenen.)

Von Herzen danken möchte ich

Barbara, Joy, Meli, I.M., Max Hauser, James, E.M., Remo, I.R., Christian Sandmeier, Stefan und yp für die Offenheit und das Vertrauen

Marianne und Hans Schwyn für die angenehme Zusammenarbeit und dafür, dass ich mich vom ersten Tag an frei auf dem Klinikgelände bewegen konnte

Dr. Markus Binswanger für die freundliche fachliche und persönliche Unterstützung

Hubert Dietschi für den unermüdlichen Einsatz, Patienten für dieses Buch und auf jede Frage eine Antwort zu finden

Peter Zehnder für das Zusammenhalten der Fäden bei der Buchproduktion

Fabian Biasio für den besonderen Blick durch die Kamera

Stefanie Häberli-Bachmann für die einfühlsame Gestaltung

Karina Wisniewska für das behutsam-kritische Lesen der Texte

Sabrina von Elten für viele hilfreiche Gedanken

Ingelore Eichenberger-von Haugwitz für das Interesse am Entstehen dieses Buches

Jan Scherrer-Eichenberger für die liebevolle Geduld und die stets offenen Ohren, wenn ich voller Eindrücke und Gedanken aus Littenheid heimkehrte